F Janner

Nicolaus von Weis, Bischof zu Speyer

F Janner

Nicolaus von Weis, Bischof zu Speyer

ISBN/EAN: 9783743320925

Hergestellt in Europa, USA, Kanada, Australien, Japan

Cover: Foto ©ninafisch / pixelio.de

Manufactured and distributed by brebook publishing software (www.brebook.com)

F Janner

Nicolaus von Weis, Bischof zu Speyer

Deutschlands Episcopat
in Lebensbildern.

IV. Band. VI. Heft.   Ganze Sammlung XXIV. Heft.

Nicolaus von Weis,

Bischof zu Speyer.

Von

Dr. J. Janner.

Würzburg 1876.

Leo Woerl'sche Buch- und kirchl. Kunstverlagshandlung.

Agentur von Leo Woerl in Wien.

Wer das Leben des hochwürdigsten Bischofes Räß von Straßburg gelesen, hat einen großen Theil des Lebens unseres Bischofes kennen gelernt. In Jugendjahren zu gleichem hohen Streben geeint, haben sie auch in späterer Zeit wohl keiner ohne des anderen Rath, irgend eine wichtigere Sache in Angriff genommen.

Mit Recht konnte daher der Biograph des hochseligen Nicolaus von Weis, Dr. Remling[1]), die Worte eines vom Lobe des greisen Kirchenfürsten von Straßburg begeisterten Sängers auf Bischof Weis anwenden:

"In Zeiten, wo die Schläfer sorglos träumten,
Stand'st wach und wacker Du auf hoher Warte,
Du wetztest tapfer aus manch' eine Scharte,
Wenn Andre allzurasch das Wahlfeld räumten."

(Molitor beim Jubelfest des Bischofs Räß 1866.)

Doppelt schwer ist es darum, nach den glänzenden Zügen, in welchen Bischof Andreas würdig geschildert worden, das Bild eines Mannes zu entwerfen, der unsterblich zwar bleiben wird in den Annalen der Kirchengeschichte von Deutschland, dessen specielle Größe aber gerade zum hohen Theile im stillen, geräuschlosen, wenn auch beharrlichen Wirken für Gott, Religion und Kirche bestand. Möge darum der Leser zur richtigen Würdigung unseres Bischofs vorgenannte Biographie des Bischofs Andreas von Straßburg beiziehen und aus beiden erst das volle Lebensbild unseres Kirchenfürsten sich erwerben.

---

[1]) Dessen Werk nebst den eigenen persönlichen Wahrnehmungen ausschließlich benutzt wurde: Nicolaus von Weis, Bischof von Speyer, 1871. 2 Bde. S. 464 u. 524. In Commission bei Kleeberger in Speyer.

Nicolaus Weis war der Sohn eines Schäfers auf dem damals französischen Schönhofe bei Rimlingen an der jetzigen Grenze der bayerischen Rheinpfalz. — Sein Vater Martin Weis hatte vorher zu Altheim bei Zweibrücken gewohnt, wurde aber durch seine geringen Vermögensverhältnisse gezwungen, bei einem mennonitischen Gutspächter als Schäfer in den Dienst zu treten. Zur Zeit der Geburt unsres Nicolaus (am 8. März 1796) waren auf dem französischen Gebiete alle pflichttreuen, katholischen Priester verjagt, nur constitutionelle Priester spendeten die Sacramente. Der fromme, strenggläubige Sinn der Schäfersehleute wollte nicht schon die Tauffreude ihres Erstgeborenen durch die Thätigkeit eines excommunicirten Priesters verbittert haben und darum ward Nicolaus in dem pfälzischen Dorfe Niedergailbach getauft. Noch dreimal segnete Gott ihre Ehe. Die getreue Haushälterin des Hochseligen, Maria Anna, der spätere Studienlehrer in Landau, Johann, und Mathias waren die jüngern Kinder des inzwischen auf den Wiesinger Hof als Schäfer übergesiedelten Martin Weis. Hier in Wiesingen geschah es auch, daß der pflichttreue Mann (1802) noch jung an Jahren ein Opfer seines Berufes wurde. Auf dem Friedhofe zu Habkirchen schmückt ein von seinem Sohne Nicolaus (1850) errichtetes Denkmal das Grab des frommen Mannes.

In Folge des Todesfalles mußte selbstverständlich die Wittwe den Wiesinger Hof verlassen und sie zog mit ihren drei noch lebenden Kindern nach ihrer Heimath Altheim, nur kümmerlich mit Handarbeit sich und die Ihren ernährend — konnten doch die zarten Hände der Kinder nur wenig zum leichtern Fortkommen beitragen! Vier Jahre verbrachte so Nicolaus bei seiner Mutter, fromm und fleißig, bei aller Noth heiter und lustig; dem aufmerksamen Beobachter verriethen sich aber auch jetzt schon die herrlichen Talente und die große Sittenreinheit des fleißigen Knaben. Was die Mutter nicht errathen haben würde, das erkannte der Förster des Dorfes Altheim, Franz Foliot. Durch seine Vermittlung übernahm Firmery, der Schullehrer des Ortes, den Knaben, um ihn zugleich mit dem Sohne des Försters, dem spätern Speyerer Domdechant Foliot, die Anfangsgründe der lateinischen Sprache beizubringen. Bald war das erlernt, was der schlichte Mann zu lehren vermochte und 1808 zog der zwölfjährige Knabe zu Pfarrer Artmann in Niedergailbach, der die weitere Ausbildung besorgen wollte. Die sauer erworbenen Pfennige der Mutter und Almosen wohlhabenderer Leute deckten die nothwendigen Auslagen; durch Handarbeiten auf dem Felde suchte Nicolaus seinen Wohlthätern, besonders seinem Hausherrn, einem Bauer, die empfangenen Gaben nach Kräften zu vergelten.

Ein Vorkommniß in Niedergailbach erinnert an die alten apostolischen Zeiten, an jene plötzlichen Erleuchtungen, wie sie vom Geist Gottes erfüllte Männer oftmals erhielten. „Im Sommer des Jahres 1808 erschien der Diöcesanbischof, Joseph Ludwig Colmar von Mainz auch in Medelsheim, das heilige Sacrament der Firmung zu ertheilen. Pfarrer Artmann führte mit den übrigen Firmlingen seiner Gemeinde auch die von ihm unterrichteten Lateinschüler dahin, damit sie die Salbung des Heiles empfingen. Diese wurden, nachdem der Oberhirte das Mittagsmahl genommen hatte, in dem Garten des dortigen Dechanten, Wenzel Schindler, jenem von ihrem geistlichen Lehrer und ihren Eltern vorgestellt. Mit gewohnter Freundlichkeit und sichtlicher Freude musterte der fromme Bischof die Schüler und munterte sie alle zur Frömmigkeit und zum Fleiße auf. Während er zum Abschiede Eltern und Schüler segnete, nahm er einen der Schüler, umarmte und küßte ihn, und das war Nicolaus Weis, der später der Nachfolger Colmars im Hirtenamte der Diöcese Speyer werden sollte."

Nicht lange konnte übrigens Weis in Niedergailbach verweilen; Pfarrer Artmann verlor durch unpriesterlichen Wandel seine Pfarrei, und so war der junge Zögling ohne Unterricht. Wieder trat hülfreich die Hand des Försters Foliot dazwischen; er brachte den Knaben bei seinem Bruder, dem Pfarrer Foliot zu Ormersheim, in der Diöcese Metz unter, woselbst Weis unter vielen Entbehrungen und Verlegenheiten weitern Unterricht empfing bis zum Spätherbste 1811.

In jenen Zeiten hatte die Aufklärung und die Abneigung, ja der Haß gegen die christkatholische, römische Kirche allenthalben gesiegt. Die Klöster und Stifter, die kirchlichen Schulen waren verschwunden, eine Mischung von Indifferentismus und Protestantismus, Aufklärung und Humanität, versetzt mit einigen katholischen Dogmen war an die Stelle der entschiedenen katholischen Lehre getreten. Was Wunder, wenn gläubige, eifrige Bischöfe in den so gebildeten Zöglingen keine tauglichen Werkzeuge für die Zwecke der Kirche Gottes erblickten! Und Bischof Colmar von Mainz-Speyer war ein guter Hirte!

Colmar beschloß darum, neben dem Priesterseminar, an dessen Spitze der edle Liebermann (seit 14. März 1805) stand, auch eine Lehranstalt zu errichten, an welcher alles das erlernt werden könnte, was man jetzt als Unterrichtsgegenstände des Gymnasiums und der philosophischen Facultät zusammenfaßt. Im Allgemeinen und zunächst war freilich das Institut für wissenschaftliche Heranbildung künftiger Priester bestimmt, gleichwohl aber waren jene, welche sich einem andern Berufe widmen wollten, oder nur die allgemeine Bildung der unteren Classen sich zu erwerben beabsichtigten, durchaus nicht ausgeschlossen. Mit dem philosophischen Curse bestand die Anstalt aus acht Classen. Um Zöglinge zu gewinnen, erließ Colmar jenen herrlichen Hirtenbrief vom 26. Oct. 1807 an alle Seelsorger, worin es unter Anderm hieß: „Suchen Sie sorgfältig in Ihrer Gemeinde unter den heranwachsenden Jünglingen diejenigen heraus, welche sich durch frommen Wandel und Fähigkeiten auszeichnen; forschen Sie nach, ob diese guten Kinder nicht einigen Beruf zum geistlichen Stande haben; reden Sie den Eltern zu, daß sich diese dazu verstehen, ihre Kinder studiren zu lassen; stellen Sie ihnen vor, daß der Allerhöchste einem Jeden seinen Beruf im Voraus bestimme, daß also ein Jeder nur dann die nothwendigen Gnaden erhalten und sein Heil wirken wird, wenn er in jenen Stand tritt, zu welchem er eigentlich berufen ist, daß also auch nichts sündhafter und für das Wohl der Kinder gefährlicher sein dürfte, als den Beruf derselben nach irdischen Gründen zu bestimmen. — Lassen Sie dieselben recht tief fühlen, was Eltern, Verwandte, und oft ganze Gemeinden für Trost und Freude fühlen, wenn sie einen frommen Sohn, einen aus dem Schooße ihrer Familie, aus der Mitte dieser Gemeinde genommenen jungen Menschen, wie einen Engel da am Altare stehen sehen, ihn hören mit Nachdruck das Wort Gottes verkünden; wenn sie vernehmen, daß er ganze Gemeinden zur Tugend anleitet und beglückt. Sagen Sie ihnen, welchen Segen solch ein Priester oft über sein Vaterhaus, über seinen Geburtsort, über den Staat, über die Kirche, oft über ganze Reiche herabzieht und verbreitet. Doch mit dem nicht zufrieden, würdige Seelsorger! legen Sie selbst — ach! und um dieses bitten und beschwören Wir Sie bei Allem, was Ihnen nur heilig ist! —

legen Sie selbst Hand an das Werk. Nehmen Sie diese guten
Kinder auf; bringen Sie ihnen nebst den ersten Grundsätzen der
Tugend jene der lateinischen Sprache bei; lehren Sie dieselben
frühzeitig am Altare dienen und mit Herz und Seele den An=
dachten beiwohnen; bringen Sie uns dieselben sodann in die
Hauptstadt der Diöcese, wir werden sie hernach unter dem Bei=
stande des Himmels schon weiter zu befördern wissen. Sollten
einige Eltern ihr geringes Vermögen hier vorschützen, so bemerken
Sie denselben, daß ihre Kinder auf diese Art den Unterricht schon
unentgeltlich empfangen, daß man beinebens alle Ursache habe,
zu hoffen, es werden sich Freunde und Verwandte, auch hie und
da gottesfürchtige, wohlhabende Leute dazu verstehen, den studiren=
den Jünglingen an die Hand zu gehen, wie Wir, zum Beispiele,
auf den frommen Eifer und die edle Freigebigkeit unserer theuren
Christen zu Mainz rechnen."

Diesen edlen Hirtenworten verdankte auch der kleine Nicolaus
Weis die Möglichkeit eines weitern Studiums. Die vorgeschriebene
Prüfung bestand er wohl und so konnte er im Herbste 1811 in
die Classe der Rhetorik eintreten, deren Lehrer der unsterbliche
Liebermann war. Freilich war Weis noch nicht unter die Zög=
linge des Seminars aufgenommen, allein auf Empfehlung seines
Lehrers übernahmen der Seiler Debisar und andere edle Menschen
die Besorgung der leiblichen Bedürfnisse — sein ganzes Leben
lang behielt er gegen die Mainzer eine dankbare Gesinnung!

Uebrigens sollte die Anstalt Colmars, gegründet für die
edelsten Zwecke, unterhalten durch großartige Opfer von Priestern
und Laien, nicht unangefochten bleiben. Eine kaiserliche Verord=
nung vom 15. November 1811 gebot, daß die Zöglinge der An=
stalt einen Theil des Unterrichtes am kaiserl. Lyceum zu Mainz
erhalten sollten. Hier mußten sie durch eine Prüfung sich das
Baccalaureat erwerben, welches allein Freiheit vom Militärdienste
gewährte und die Möglichkeit zum Empfange der höheren Weihen.
Die Professoren dieser Anstalt waren Geschöpfe ihrer Zeit, theil=
weise abtrünnige Priester, Ausländer, der deutschen Sprache in
hohem Grade unkundig, so daß nur der eiserne Fleiß des jungen
Weis und die Repetitionen im Clerikalseminare die Mangelhaftig=
keit des Unterrichtes zu ersetzen vermochten. — Im Herbste 1813
durfte Weis in das Clerikalseminar eintreten, freilich vorderhand
nur für eine sehr kurze und beschwerliche Frist: Am 18. October

wurde das Schicksal des weltstürmenden Eroberers bei Leipzig entschieden, am 29. und 30. desselben Monats erzwangen sich die Franzosen bei Hanau den Durchgang und schon am 1. November eilte der Vortrab der ehemaligen großen französischen Armee durch die Thore von Mainz, ein Greuel der Verwüstung, vollzogen an Menschen. Auf Holzschiffen wurden die schwer Verwundeten von Frankfurt herabgebracht, leicht verwundet, krank, elend, zerrissen waren Tausende. In den Ställen an der Stadtmauer brachte man die ersteren unter, aber es kamen mehr, immer mehr, die Kirchen, die Häuser, die Höfe, die offenen Straßen füllten sich mit den erbarmungswürdigen Opfern menschlicher Herrschsucht. „Die Stadt Mainz war damals von den unglücklichen Flüchtlingen, Kranken, Verwundeten, Sterbenden so überfüllt, daß auf den breitesten Straßen kaum der Einzelne sich den Weg bahnen konnte.... Viele sanken auf den Straßen vor Mattigkeit um und bald entwickelte sich unter den Unglücklichen, welche Wochen lang von der ungesundesten Nahrung, von gefrorenen Früchten, verdorbenem Fleische gelebt hatten, jenes bösartige Nervenfieber, an welchem damals nach beiläufiger Schätzung allein in Mainz gegen 30,000 Menschen starben. Die Todten lagen oft zu 20 bis 30 und theilweise halb in Verwesung übergegangen in den Häusern.

Bei der unverantwortlichsten Nachlässigkeit der Militärbehörden für ihre Kranken und Verwundeten blieb die Pflege der Unglücklichen den Bürgern überlassen und es galt nun, diese zu bewegen, daß sie den natürlichen Widerwillen überwanden und der ansteckenden, lebensgefährlichen Krankheit mit Muth entgegentraten." Schon am Allerheiligentage forderte Bischof Colmar die braven Mainzer zur Unterstützung der Unglücklichen auf, Alles eilte zu Hilfe!

Konnte aber der Bischof mit seinen Getreuen persönlich zurückbleiben, nachdem schon in den ersten Tagen des November die Leichen ungezählt auf Wagen haufenweise fortgeführt wurden und der Zuzug von Kranken und Verwundeten immer größer wurde? Colmar war ein guter Hirte und die guten Schafe hören die Stimme ihres Hirten: „In allen Winkeln wurden die mit namenlosem Elende und mit den Schrecken des Todes Ringenden aufgesucht, in Decken gehüllt und gekleidet, ihnen die nöthigen Speisen und Getränke zugebracht, den Halbverschmachteten Brühen und Arzneien eingeträufelt, die Jammernden getröstet, mit den Sterbenden gebetet, die Todten hinweggetragen und alle möglichen geistlichen und leiblichen Werke der Barmherzigkeit geübt."

Nur kurze zwei Wochen vermochte Weis in Gesellschaft seines Freundes Räß den christlichen Samariterdienst zu pflegen, da ergriff auch ihn die Krankheit. Die Belagerung von Mainz stand in Aussicht, der Jüngling hatte unendliches Heimweh nach seiner lieben Mutter, in deren Armen er zu sterben hoffte; Liebermann ließ ihn also mit wenigen Kameraden ziehen; theils auf Frachtwagen, theils auf einem von der Schwester eines Freundes geführten Pferde gelangte der Kranke über die Sickinger Höhe bis nach Martinshöhe zu Förster Foliot, von wo aus er durchglüht von Fieberhitze, in einen entlehnten Mantel gehüllt, die Medizin in der Tasche, endlich bei der zum Tode erschreckten Mutter anlangte. Lange blieb er bewußtlos, doch der Herr hatte seine Pläne mit dem Jünglinge und er genas. Ein halbes Jahr indeß waren durch die Krankheit und die kriegerischen Verhältnisse die Studien vollständig unterbrochen.

Erst im Mai 1814 konnten die Deutschen wieder Mainz betreten und die erste Sorge Colmar's war (die kaiserlichen Lehrer des Lycée hatten natürlich die Flucht ergriffen), seine zerstreuten Schäflein wieder zu sammeln.

Die meisten erschienen, aber nicht alle konnten mehr in dem durch die Belagerung hart mitgenommenen Clerikalseminar ihre Unterkunft finden, auch Weis nicht; er zog zu seinem alten Wohlthäter, dem Seiler Debisar. Die philosophischen Vorlesungen, welche er bis zum Schlusse des Schuljahres hörte, gab der Neopresbyter Martin Krautheimer, für den später Professor Heinrich Stapf eintrat. — Im Herbste 1814 wurde Weis wieder in das Clerikalseminar aufgenommen, erhielt aber zugleich die Stelle des Lehrers in der ersten Vorbereitungs-Classe. Dabei war er bestrebt, in der französischen und besonders in der griechischen Sprache seine Kenntnisse zu erweitern. Der jüdische Lehrer Dr. Creuznach gab ihm und seinem Freunde Räß Unterricht in der hebräischen Sprache.

Eigenthümlicher Weise behielt Weis immer eine hohe Passion für das Hebräische und bis kurz vor seinem Tode mußten alle Zöglinge seines Convictes in Speyer 4 Jahre lang mit dieser Sprache sich beschäftigen.

Während der drei folgenden Studienjahre stieg Weis mit seinen Schülern immer in die nächst höhere Classe auf, in allem Guten und Wahren sie unterrichtend; freilich nicht selten gebrauchte er die größte Entschiedenheit, wie er später oft lächelnd erzählte, um die harten Köpfe zu spornen und die lebendigen Gemüther der Knaben im Zaume zu halten. Für die griechische Sprache war er Fachlehrer an der ganzen Anstalt. Bereits am 17. Dezember 1814 erhielt er die Tonsur, am 23. Dezember 1815 die niederen Weihen, am 22. März 1817 das Subdiakonat, den 16. Mai 1818 das Diakonat, immer noch Candidat der Theologie unter der trefflichen Leitung des edlen Liebermann und des Moralisten Johann Philipp Kalt. Welch' reiche Fortschritte besonders im Griechischen er gemacht, bewies er auf einer glänzenden Disputation in der Aula des Seminars am 10. und 11. August 1818. — Am 22. desselben Monats wurde er von Colmar in der Seminarkirche zu Mainz zum Priester geweiht. —

Nicolaus Weis hatte zu hervorragende Kenntnisse in den letztvorhergehenden Jahren bewiesen, als daß man ihn jetzt, bei dem großen Mangel an tauglichen und zuverlässigen Kräften hätte unmittelbar vom Lehramte entfernen und in der Seelsorge allein verwenden sollen. Er erhielt darum in Wintersemester 1818 die Lehrstelle in der Humanität, welche damals zwei Abtheilungen von 25—30 Schülern umfaßte. Unter ihnen war sein Bruder Johann Nicolaus, den er einem andern Beruf entzog und opferwillig für die höhern Studien bestimmte. Die beschwerliche Lehrstelle für mehr als 50 Schüler, die er in jugendlicher Begeisterung und angeborener Energie zu versehen bestrebt war, die Nebenbeschäftigungen mit den eigenen Studien, das häufige Predigen sowohl für die Studirenden als in den Kirchen der Stadt, das eifrige Beichtsitzen, die Krankenbesuche griffen schließlich seine Gesundheit an, so daß er fast bereit war, seinen Wirkungskreis aufzugeben. Colmar starb nach einem apostolischen Leben am 15. Dez. 1818. Die Schwester des Bisthumsverweser Johann Jacob Humann siedelte zur selben Zeit mit ihren zwei Neffen, deren Lehrer Weis bisher gewesen, nach Straßburg über und wollte den jungen Priester mit sich als Informator entführen. Weis war nicht abgeneigt, allein Humann, dem er die Sache anheimstellte, behielt ihn zurück. So versah denn Weis wiederum seine Lehrstelle in der Humanität.

Seitdem Weis Priester geworden war, vereinigte ihn mit dem Jugendfreunde Räß nicht allein das Band der Sympathie ihrer Seelen, sondern auch die geistige Gemeinschaft, welche sie zur Herausgabe katholischer Schriften schlossen. Seit dem Jahre 1818 kann man sagen, war die katholische „Firma Räß und Weis" fest gegründet.

Ihr erstes Product erschien im Jahre 1819: „Julius Carron, der tugendhafte Schüler oder Leben frommer Jünglinge, 2 Bände, übersetzt aus dem Französischen. Bald darauf folgten: „Das Leben der Väter, Martyrer und anderer vorzüglichen Heiligen, von Alban Butler". Im Jahre 1823 erschien der erste Band, 1827 der vierundzwanzigste und letzte. In den Jahren 1838 bis 1840 erschien die zweite Auflage. — Die Denkwürdigkeiten des Herzogs von Berry, aus Chateaubriand übersetzt. Mainz 1821. — Berichte über die Mission von Louisiana. Mainz 1822. — Der Hirtenbrief des Bischofes von Troyes über den Druck schlechter Bücher und sein Hirtenbrief über die christliche Erziehung. Mainz 1822. — Carron, die Glaubensbekenner in Frankreich am Ende des 18. Jahrhunderts. Mainz 1822—1826. 4 Bde. — Butler, die Feste des Herrn. Mainz 1827. 2 Bde. — Leibnitzens System der Theologie mit deutscher Uebersetzung. Mainz 1826. — Nachlese aus Dr. Martin Luthers Schriften. Mainz 1827. — Leben der Heiligen Gottes. Auszug aus dem großen Werke. Mainz 1826—1827. 4 Bde., neu bearbeitet von Holzwarth 1854 f. — Was sagt die Geschichte dazu? Nachtrag zur Reformationsfeier von 1817. Mainz 1823. — Die alte Abendmahlslehre. Zweibrücken 1827. — Entwürfe zu einem vollständigen katechetischen Unterrichte. Mainz 1821. 4 Bde. 2. Auflage. 1824. — Denkwürdigkeiten aus der französischen Kirchengeschichte des 17. Jahrhunderts. Frankfurt 1829. 2 Bde. — Bibliothek der katholischen Beredsamkeit. Frankfurt 1829—1833. 12 Bde. — Neue Bibliothek der katholischen Beredsamkeit. Frankfurt 1834—1836. 6 Bde. — Predigtenentwürfe. Frankfurt 1837. 2 Theile. — Boulogné, Bischofs von Troyes, sämmtliche Predigten. Frankfurt 1830 bis 1839. 4 Theile. — Kanzelreden des P. Johann de la Roche. Mainz 1836—1838. 4 Bde. — Moser's gesammelte Kanzelreden. Frankfurt 1831—36. 7 Bde. — Rothensee's Primat des Papstes. Mainz 1836—38. 4 Bde. — Seelsorgliche Belehrungen über gemischte Ehen. Augsburg 1839. — Im Jahre 1835 erschienen zu

Augsburg die „Beiträge zur Kirchengeschichte des 19. Jahrhunderts in Deutschland". Diese Schrift war von Weis verfaßt und setzte unter dem Namen „das rothe Buch" die gesammte Polizei, besonders Preußens in Bewegung. Es war nämlich darin an der Hand von unwiderleglichen Thatsachen bewiesen, welche Beeinträchtigungen und Bedrückungen die Katholiken in Preußen von ihrer Regierung zu erdulden hatten. Eine Unzahl Männer wurden als der Abfassung verdächtig von der Polizei beanstandet, allein der wahre Autor kam nicht zu Tage. Das Beste aber und Einflußreichste für ihre Gegenwart und die Zukunft haben die beiden literarischen Dioskuren geleistet in der Gründung und Fortführung des „Katholik" seit Januar 1821. — Die Geschichte dieser bis auf unsere Tage so eminent gebliebenen Zeitschrift wurde im Lebensbilde des hochwürdigsten Bischofes Näß ausführlich erzählt, so daß wir sie hier füglicherweise übergehen können.

Die angegriffene Gesundheit des Weis veranlaßte endlich den Bisthumsverweser Humann, ihm die ganz katholische und wenig beschwerliche Pfarrei Dudenhofen bei Speyer zu übertragen am 16. August 1820. —

Die gesunde Luft stärkte bald die des allzu vielen Redens und Docirens überhobene Brust des jungen Pfarrers und er konnte nicht nur seinen seelsorglichen Arbeiten mit dem größten Eifer nachgehen, sondern auch seine literarischen Unternehmungen nach Herzenslust betreiben. Dudenhofen, das früher in großer Unordnung gewesen, empfand bald den Segen, der im Besitze eines frommen, tüchtigen und eifrigen Pfarrers liegt. Solche Thätigkeit gründete auch ganz im Charakter des hochseligen Weis, der unverkennbar eine mehr praktische als theoretische Anlage besaß. Vorhandene Bedürfnisse zu befriedigen, einzustehen für Recht und Gerechtigkeit, allseitige Pflichterfüllung, praktisches Christenthum als guter Hirte zu hegen und zu pflegen, das war, glaube ich, seine starke Seite, nicht aber wissenschaftliche Kämpfe zu führen, speculativ das Christenthum zu behandeln u. dgl. Weis war durch und durch ein practischer, für das thätige Leben geschaffener Charakter.

Bald nachdem Weis Pfarrer geworden, wurde in Folge der Vollziehung des bayrischen Concordates in Speyer ein neues Domcapitel eingesetzt (November 1821) und Matthäus von Chandelle als Bischof inthronisirt (20. Januar 1822). Wie sehr

Chandelle trotz Allem unsern Weis zu würdigen wußte, zeigt, daß sein erster Hirtenbrief zum größten Theile von Weis gearbeitet wurde. Schon vorher hatte er die Uebersetzung der päpstlichen Vollzugsbulle zum Concordat geliefert. Als einige ernannte Kapitularen ablehnten, erhielt Professor Geissel, der spätere Bischof und Cardinal, das siebente, Weis aber das achte Canonikat. Am 13. August 1822 wurden beide eingeführt.

Die Verhältnisse im Speyerer Domkapitel und desselben zu ihrem Bischofe waren, wie die Sachlage es mit sich bringen mußte, nicht die einladendsten.

Das Kapitel war aus den verschiedensten Persönlichkeiten zusammengesetzt, unter sich und mit ihrem Bischofe unbekannt. Dompropst Metz war 77 Jahre alt, Domdechant Werner 66, beide aus Alter, Werner auch wegen mittelmäßiger Gaben nicht mehr für die Arbeit geschaffen, Geissel und Weis kaum 26 Jahre alt, aus fester Schule, voll geistiger Kraft, ganz entgegengesetzt dem geschmeidigen und fester theologischer Grundsätze entbehrenden Canonikus Wolf, dem bischöflichen Sekretär u. s. w.

Auch Bischof Chandelle glaubte die Hauptstärke des bischöflichen Amtes in das regere ecclesiam setzen zu müssen und war noch dazu sehr eifersüchtig auf alle Rechte seines Regiments. Ueberdieß besaß er keineswegs die nöthige Unbefangenheit, kirchlich gesinnte Festigkeit und unerschrockene Selbständigkeit, welche in den damaligen schwierigen Verhältnissen von einem tüchtigen Oberhirten dringend gefordert werden mußten. Er vergaß weniger die Verpflichtungen der Dankbarkeit gegen den König, der ihn zum Bischofe ernannt hatte, als die Verpflichtungen, welche auch in äußeren Dingen die bischöfliche Weihe ihm auferlegte.

Beißend, aber wahr wurde er einmal: „der Generalvikar des Speyerer Regierungsrathes und Referenten in Cultusangelegenheiten" genannt; der Wink der Regierung galt ihm fast als ein Befehl. Wollte er doch den freien Rücktritt seines Generalvikars nicht acceptiren, bis dieser vom König die Genehmigung hiezu erholt hätte! Zugleich suchte er für tolerant und aufgeklärt zu gelten, er war wenig gastfrei, über das kirchliche Gesetz hinaus nachgiebig bei den Fragen über die gemischten Ehen — kurz ein Mann des Büreaukraten-Frackes, wie er denn dieses hocheble Kleidungsstück auch öffentlich für gewöhnlich selber trug. Daß bei allen sonstigen, guten Eigenschaften, besonders seiner un=

gemeinen Arbeitslust, Weis sich doch sehr oft vom Bischofe ab=
gestoßen fühlen mußte, war klar. Dabei war Weis sehr beliebt
beim Clerus, sein Haus bildete das Absteigequartier des Clerus
schon in dieser ersten Zeit, die Tendenz des „Katholik" verfocht
ganz andere Grundsätze, als Chandelle übte — kurz, der Bischof
war wie sein Nachfolger Manl eifersüchtig und theilweise miß=
günstig auf den muthigen, glaubenstreuen, unendlich pflichteifrigen
jungen Canonikus. „Obwohl er anfangs mehr für die literarischen
Unternehmungen, als für die Diöcesanverwaltung arbeitete, so
war er doch in letzterer Beziehung eine Hauptstütze treugläubiger
Grundsätze und kirchlicher Rechte, der Ordnung und Zucht bei
dem Clerus, der guten Gesittung und strengen Kirchlichkeit bei
den Laien. So oft in dieser Beziehung etwas anzuregen, zu
unterstützen, zu vertheidigen, zu schirmen oder zu rügen und zu
bestrafen war, konnte man auf seine völlige Beistimmung, auf
seine kräftige Mitwirkung rechnen. Weder Gunst, noch Wider=
willen, weder Lob noch Tadel, weder Drohung noch Lästerung
von oben oder unten vermochten ihn in seiner Ueberzeugung zu
erschüttern, in seinen Grundsätzen zu beirren. Er verleugnete
dieselben eben so wenig in den vertraulichen Cirkeln seiner Freunde,
als im öffentlichen Wirken und Leben. Er versäumte auch keine
Gelegenheit, für seine bessere Ueberzeugung Freunde und Feinde,
Hohe und Niedere zu gewinnen. Sein desfallsiges Bemühen war
nicht ohne Erfolg. Vorzüglich wirkte er auf die gutgesinnten
Geistlichen der Diöcese. Viele derselben waren in Mainz seine
Studiengenossen und Schüler gewesen, die eifrigsten und gesinnungs=
tüchtigsten Pfarrer waren seine Freunde und Verehrer. Viele
derselben wurden zu literarischen Beiträgen für die von ihm
herausgegebene Zeitschrift ermuntert und angeleitet. Sie suchten
ihn zu Speyer bei jeglichem Anliegen um so unbedenklicher auf,
je mehr es in der ganzen Diöcese bekannt war, mit welcher Theil=
nahme und Gastfreundlichkeit man bei ihm aufgenommen wurde.
Weder Bischof Chandelle, noch Bischof Manl, oder ein anderer
Würdenträger und geistlicher Rath in Speyer hatte den Zuspruch
von heimischen und fremden Gästen, welchen man bei Weis
während des ganzen Jahres wahrnehmen konnte. Nicht nur
Geistliche aus allen benachbarten Diöcesen, sondern auch durch
Gelehrsamkeit und Glaubenseifer ausgezeichnete Laien aus allen
Gegenden des Vaterlandes, aus Belgien und Frankreich hatten

Empfehlungen an ihn und wurden nicht selten Wochen, ja Monate lang auf das Uneigennützigste in seinem Hause bewirthet." Ein Mittagsmahl bei ihm, umgeben von seinen Freunden, war, wie Friedrich Hurter sagt, „eigentlich ein Symposion im Sinne der Alten." Bei ihm war Geissel, Regierungsrath Emonts, sein treuer Freund bis zum Tode, Oberinspector Michel, Oberpost=meister Siry, Cantonsarzt Geil, Dr. Räß aus Straßburg, die Familie Lenig aus Mainz, die Familie Brentano aus Frankfurt, Familie Görres aus München, Rath Johann Friedrich Heinrich Schlosser und seine edle Gemahlin Sophie Dufay aus Frankfurt oder Schloß Neuburg, später Reithmayer aus München, Vering aus Heidelberg, Moufang aus Mainz, Steinle aus Frankfurt u. s. ff.

Daß neben den eigentlichen Berufsgeschäften und literarischen Arbeiten auch die practische Seelsorge von Weis nicht vernach=lässigt wurde, versteht sich bei seinem Eifer von selbst. Er nannte dieselbe später dem Verfasser gegenüber oft das „Salz der Pro=fessoren".

Hatte Bischof von Chandelle in den Urtheilen unseres Weis, die dieser im „Katholik" vertrat, nicht selten Verurtheilungen seines Verfahrens gefunden, so war dem Bischof Manl, einem starren Actenverfertiger, besonders das zuwider, „daß ein Mit=glied seines Ordinariats der Herausgeber einer so vielseitig an=gegriffenen und angefeindeten Zeitschrift sein wollte, in welcher auch viele Dinge, die ihm, ungeachtet seiner ächt katholischen Grundsätze und kirchlichen Eifers, nicht gefallen mochten, besprochen würden." Natürlich, der „Katholik" mit seiner entschieden pro=noncirten Haltung war ein steter Sporn für den unzufriedenen Manl, gegen den er nicht ausschlagen konnte; es mißfiel ihm auch der große Anhang, den Weis beim Clerus hatte, die Eifer=sucht ließ ihn hinwiederum Ordinariats=Arbeiten des Weis härter beurtheilen — kurz Manl hatte den beiden, Weis und Geissel, manche bittere Stunde zu verdanken, die er leicht durch Groß=muth und Entschiedenheit hätte vermeiden können. Am 23. März 1836 kam Manl als Bischof nach Eichstädt. Professor Peter Richarz von Würzburg wurde sein Nachfolger. Obgleich ur=sprünglich durch Manl gegen Geissel und Weis eingenommen, änderte der Augenschein doch bald die vorgefaßte Meinung und Geissel wurde Domdechant; am selben Tage aber, an welchem Richarz den Bischofsstuhl von Augsburg bestieg, wurde auf seine

Empfehlung Geissel Bischof von Speyer und durch beider Fürwort Weis (14. September 1837) Domdechant von Speyer.

Weis war, wie bekannt, der langjährige Freund Geissel's. Ihre Verbindung schien durch die Last der Geschäfte (Weis hatte das ständige Referat für die Streitigkeiten bezüglich der Rechte an Simultankirchen) noch enger geworden zu sein. — Was immer Wichtiges in der Verwaltung der Diöcese sich ereignete, — sie beide besprachen und beriethen sich zuerst lange, ehe es in die Sitzung des Ordinariats kam. Und wahrlich, es gab hier Vieles zu berathen! Dazu kamen die Kölner Wirren, deren richtige Beurtheilung vom „Katholik" unseres Domdechant mit beredter und eifriger Feder angestrebt wurde.

Die Kölner Wirren endigten, wie jedmänniglich bekannt, vollständig erst mit der Ernennung des Bischofs Geissel als erzbischöflicher Coadjutor und apostolischer Administrator von Köln. Noch als die Unterhandlungen hiefür geführt wurden und Bischof Geissel im Dezember 1841 und Januar 1842 deshalb zu Berlin war, hatte ihm Kronprinz Maximilian ein Schreiben des Königs Ludwig übergeben, worin dieser es Geissel überließ, dem Könige den gewünschten Nachfolger zu benennen. Geissel bezeichnete mit Uebereinstimmung des Betreffenden seinen Freund, den Domdechant und Generalvikar Weis, und obwohl der damalige Regierungspräsident Fürst Eugen von Wrede darüber hinterdenklich war und glaubte, er müsse die scharf ausgeprägte Kirchlichkeit des Domdechant nach München berichten, so ernannte doch König Ludwig I. am 27. Februar 1842 den Domdechanten Weis zum Bischof von Speyer. König Ludwig I. wollte Bischöfe haben, entschiedene, charaktervolle Männer; ihm imponirte jeder große Geist, denn er selbst war auch groß.

Anfänglich beabsichtigte Weis, die bischöfliche Weihe unter Assistenz seines Freundes Geissel von Köln und Näß von Straßburg zu empfangen, allein auf Anrathen des Ministers von Abel unterblieb es. Er wurde zu München vom Erzbischof Lothar Anselm von Gebsattel unter Assistenz der Bischöfe Karl August Reisach von Eichstädt und Heinrich Hofstätter von Passau consecrirt am 10. Juli 1842. Die Vorbereitung zur Weihe hatte er in Altötting gemacht. Am 20. Juli nahm er Besitz von der alten, ehrwürdigen Kathedrale, von dem tausendjährigen Bischofssitze mit einer Feierlichkeit, „wie seit dem feierlichen Eintritte des

Fürſtbiſchofes Philipp Chriſtoph von Sötern, welcher am 12. Januar 1611 ſtattfand und der letzte war, der abgehalten wurde, die Stadt Speyer eine ähnliche Feſtlichkeit nicht geſehen hatte". Die Handlung der „kanoniſchen Huldigung, welche den Oberhirten oft bis zu Thränen rührte, war um ſo herzlicher und ergreifender, als Wenige erſchienen, die jener nicht theils als Jugendgenoſſe gekannt, theils als Freund geliebt, theils als Lehrer unterrichtet, theils als Wohlthäter unterſtützt, theils als Gaſtfreund bewirthet, theils als geiſtlicher Rath offen belehrt, theils als Domdechant freundlich begrüßt, theils als Stellvertreter des Biſchofes wohlwollend geleitet hatte."

In demüthigem Hinblick auf ſeine Abſtammung wählte er das Bild eines Lammes ſammt der Schäferſchippe in ſein Wappen neben dem alten Speyerer Stiftsſchilde, dem ſilbernen Kreuze im blauen Felde.

Der hochſelige Weis war als Biſchof eine eminente Geſtalt. Mehrere Jahre hat der Verfaſſer dieſes Lebensbildes ſeine biſchöfliche Wirkſamkeit in der nächſten Nähe geſchaut und in ihm immer nur das Ideal eines Biſchofes zu erblicken vermocht. Wie kam es, daß Weis, dem doch außer Geiſſel, ſeinem Freunde, (Richarz war nur kurze Zeit Biſchof von Speyer) weder Chandelle, noch Manl als Ideal vorſchwebten, doch ſo urplötzlich das Muſter eines apoſtoliſchen Biſchofes in ſeiner Handlungsweiſe darſtellte? Ohne hin und her zu ſchwanken, unmittelbar feſt, war er ein voller katholiſcher Biſchof. Unbewußt hat Weis im Jahre 1836 in ſeinem „Katholik" uns die Antwort gegeben: „Colmar war mir das Ideal eines Biſchofes!" Das iſt die Löſung.

Dieſes Ideal vor ſeinem Geiſte, konnte er unmittelbar die richtige Bahn einſchlagen, und wir werden finden, daß Weis die Worte, welche er 1836 niedergeſchrieben, unmittelbar mit der Weihe durch den göttlichen Geiſt in's Werk überſetzte. „Unvergeßlich ſind mir", ſchreibt er, „die Eindrücke der Verehrung und der Liebe, welche durch dieſe und andere Firmungs- und Viſitationsreiſen der Oberhirt in der ganzen Gegend unter Katholiken und Nichtkatholiken zurückgelaſſen hat... Er war in der That auch Allen Alles geworden; denn bei ſolchen Beſuchen wurde nicht nur die Firmung ertheilt, die Kirche und ihre Geräthſchaften genau besichtigt, die Pfarrverwaltung erforscht, die etwaigen Anstände und Zerwürfnisse gehoben, gegründeten Klagen des Pfarrers gegen die Gemeinde oder der Gemeinde gegen den Pfarrer abgeholfen, Aergernisse untersucht und wo möglich abgestellt. Es wurde nicht nur gepredigt, katechisirt, selbst in die einzelnsten seelsorglichen Verrichtungen ging der Oberhirt ein; selbst den Kranken wandte er in unermüdlicher Liebe durch trostvolle Besuche seine oberhirtliche Aufmerksamkeit zu und den Armen hinterließ er oft in der Hand des Pfarrers namhafte Unterstützungen. Und wenn er die Gemeinde und Gegend verlassen hatte, dann folgten noch väterliche Geschenke in Büchern für die Kinder oder auch für manche Familien, welche darin Belehrungen und Aufmunterungen finden sollten und fanden." Gerade so war auch Weis, und als der Verfasser den unvergeßlichen Bischof einmal auf einer Reise in ein armes Krankenzimmer begleitete und dort ihn beobachtete, wo er nie einen Kirchenfürsten zu vermuthen gewagt hätte — ja da rief's im Innern: Das ist ein apostolischer Bischof! „Colmar war mir das Ideal eines Bischofs!"

„Besonders ist mir unvergeßlich, wie ich (ein wahrer Levite!) ihm zur Seite stand, als er unter Sterbenden und Todten gleich einem Boten des Himmels umherwandelte und selbst, neben den am giftigen Typhus Daliegenden und Hinsterbenden, in den Ställen auf Stroh ausgestreckt, lag und das Sündenbekenntniß hinnahm. . . . Aber auch in einem nähern Verkehr sah ich den geliebten Oberhirten und auch da ward meine Liebe in einem Maße gesteigert, daß, als ich ihn, des Todes verblichen, beweinte, ich nicht ein Vaterunser vor seiner sterblichen Hülle zum Troste seiner Seele zu beten vermochte, weil mir der Gedanke: wenn dieser Vater und Hirte kein Heiliger ist, dann gibt es kaum Einen, so lebhaft vor dem Geiste stand."

Wenn ein Mann von der Energie, wie Weis sie besaß, so schreibt, konnte er anders sein, als er war, ein Nachfolger Joseph Ludwig Colmar's?

Unter allen Anliegen, die den Bischof Weis am nachhaltigsten beschäftigten, war sicher eines der bedeutendsten die Sorge für Erziehung und Bildung des Clerus. Colmar war ihm das Ideal eines Bischofes! Zwar wurde ihm in dieser Beziehung besonders vom Bischof Geissel vorgearbeitet, allein wir wissen ja, Geissel that nichts ohne Weis, seinen Freund. Bekanntlich hatte die

bayerische Regierung im Mai 1825 die Errichtung von Knaben=
seminarien gestattet, leider konnte in der Speyerer Diöcese noch
lange nichts geschehen. Aber gleich bei der Inthronisation Geissel's
legten mehrere Priester, ermuntert von Weis, dem neuen Bischofe
die Errichtung eines Knabenseminares unter Beihülfe des Clerus
und gläubigen Volkes in dringlichster Bitte an's Herz. Bedurfte
es bei dem für alles Gute so leicht zu begeisternden Geissel mehr?
Noch in den letzten Monaten des Jahres 1837 wurde die Sache
ernstlicher verhandelt und bereits 1839 war die Angelegenheit so
weit gediehen, daß der Bischof sich an König Ludwig mit der
Bitte um Erlaubniß einer Hauscollecte wenden konnte. War ja
doch der achte Theil der Seelsorgstellen in der Diöcese unbesetzt.
Mit Hilfe der energischen Beisteuer des Clerus und Volkes, der
großartigen Schenkungen des Königs Ludwig wurde die Anstalt
am 2. Januar 1840 in den Räumen des bischöflichen Clerikal=
seminares eröffnet. Allein weder Raum und Einrichtung, noch
die Zahl der Zöglinge genügte dem dringenden, immer steigenden
Bedürfnisse. Eben so wenig waren Fundationen vorhanden,
welche den Bestand der Anstalt hätten sichern können. Aber alle=
dem wußte Bischof Weis zu begegnen. Seine ausgebreitete Be=
kanntschaft mit edlen Personen, seine Gewandtheit, deren Interesse
für seine Zwecke rege zu machen, sein eigenes Beispiel, das so
anregend auf den Clerus der Diöcese wirkte, vermochten in
Kurzem das Institut so zu stellen, daß 120—130 Zöglinge die
Räume des zum größten Theile neu gebauten Convictes bevölkern —
ein Glück für die Diöcese, aber auch ein wahrer Segen für das
Speyerer Gymnasium. Die Convictoren sind ein ausgezeichnetes
Ferment unter den dortigen Studirenden, ihren Mitschülern ein
Muster und Beispiel.

Uebrigens ist Jedermann bekannt, daß die häusliche Er=
ziehung der Studirenden zwar sehr vieles Ueble zu verhindern
oder gut zu machen im Stande ist, daß jedoch nicht selten der
Unterricht, besonders der in der Geschichte von gewissen Lehrern
benützt wird, um die Gesinnung der Schüler wissentlich oder un=
wissentlich auf verkehrte Bahnen zu lenken. Ein wahrhaft heil=
loser Zustand war in dieser Beziehung in der Pfalz. Den an=
gestrengten, ausdauernden Bemühungen des Hochseligen gelang es,
seit 1845 für Zweibrücken und seit 1856 auch für Speyer einen
eigenen Geschichtslehrer für die Katholiken in der Person des

jeweiligen Religionslehrers zu erwirken. Der in Speyer befindliche hatte sich stets hoher Freundlichkeit von Seite des Bischofes zu erfreuen.

Nicht so glücklich war Weis in den Verhandlungen bei eben eingetretener Erledigung des philosophischen Lehrstuhles am Lyceum, einen Katholiken hiefür zu erhalten. Obgleich durchschnittlich nicht jedes Jahr ein einziger Candidat protestantischer Confession am Lyceum sich einfand, so gab doch die Regierung den Forderungen des Consistoriums nach und der Ernannte war glücklich Protestant. Freilich hatte er im ersten Jahre nur einen Hörer, und ohne Zweifel nicht einmal einen Einzigen in jedem der folgenden. Für die katholischen Candidaten ließ der Bischof die Vorlesungen privatim halten.

Schließlich hatte Bischof Nicolaus auch seinen Seminarstreit. —

In den Jahren 1860 und 1861 waren durch die unermüdliche Sorgfalt des Oberhirten die bisherigen Räume des Clerikalseminars in der Weise erweitert worden, daß dieselben hinreichend erschienen, auch die Candidaten der zwei ersten theologischen Curse aufzunehmen. Bekanntlich besteht das königliche Lyceum in Speyer nur aus einem philosophischen Curse. Die Candidaten sind daher gezwungen, die theologischen Studien an einer Universität zu machen, was bei dem theuern Leben daselbst für Viele sehr unbequem und bei der schon damals in München vielfach beliebten Richtung für Manche auch gefährlich war. Dazu kamen die Gefahren des Universitätslebens überhaupt. Im Clerikalseminar wurde bereits Dogmatik, Moral und Pastoral, Pädagogik, Kunstgeschichte und Pfarrverwaltung gegeben, es fehlten also nur noch Exegese, Kirchenrecht und Geschichte, um alle Fächer vertreten zu haben, die anderwärts an Lyceen für die Candidaten gelesen werden. Daß die zwei fehlenden Lehrstühle von der Regierung dotirt werden würden, war die ursprüngliche Meinung des Bischofes, denn bereits im Jahre 1823 hatte die Regierung das Bedürfniß einer theologischen Anstalt anerkannt, jede andere Diöcese besaß ebenfalls ihr Lyceum, Speyer allein hatte nichts außer der paritätischen philosophischen Facultät; dazu kam die mehrmals an den Bischof von Seite des Oberhauptes der Kirche ergangene Aufforderung, in Vollziehung der Trienter Beschlüsse und des Concordates, das theologische Studium in Speyer zu begründen.

Weis bat demnach am 4. April 1862, das Lyceum bis Herbst errichten zu dürfen und stellte nebenbei das Ansuchen um Sustenstation von zwei Professoren. Er erhielt keine Antwort. Die Bitte wurde am 16. Januar 1863 dringlicher erneuert, der Erfolg war derselbe. Das Fruchtlose solcher Gesuche einsehend, wendete sich Weis am 24. Mai 1864 neuerdings mit derselben Bitte an den König Ludwig II., fügte aber hinzu, er werde jedoch auch ohne Beitrag aus Staatsmitteln zur Errichtung der fraglichen Anstalt schreiten, ähnlich wie in Eichstädt eine solche Anstalt errichtet und lediglich aus kirchlichen Mitteln und Almosen unterhalten sei. Er werde die Anstalt nächsten Herbst eröffnen mit Hilfe der Lehrer Regens Laforet, Subregens Dhom, Director Becker, Domcapitular Molitor, Domvicar Zimmern und Repetent Merkel. — Geschmeidig wie immer antwortete bereits am 13. Juli der Cultusminister Zwehl dem Bischofe: „Die Absicht des Bischofes verletze § 76 d und § 77 des Religionsedictes; an solchem Vorgehen werde Seine Majestät auch nicht den geringsten Antheil nehmen; ohne königliche Genehmigung könne darum die Anstalt nicht eröffnet werden; geschehe dies, so werde kein an fraglicher Anstalt gebildeter Cleriker jemals in ein vom Staate zu verleihendes Amt eintreten können, noch für einen solchen Eintritt die königliche Bestätigung erhalten. Dem Allem könne vorgebeugt werden, wenn der Bischof die landesherrliche Genehmigung in irgend einer Weise beantrage." Weis, der eben zur Bamberger Conferenz abreisen wollte, antwortete: Bezüglich der angezogenen Paragraphen berufe er sich auf die Erklärungen des bayerischen Episcopats über die diesbezügliche Concordatsbestimmung; es spreche eben so für ihn die Tegernseer Erklärung, wornach in Widerspruchssachen zwischen Concordat und Regierungsedict jene Auslegung anzunehmen sei, welche den Bestimmungen des Concordats sich annähert oder mit ihnen übereinkommt. Er bitte darum nochmals, es möge die Genehmigung der Erweiterung des Seminars ausgesprochen werden oder man möge ihn stillschweigend gewähren lassen.

Inzwischen wurde Nicolaus von Koch Cultusminister, ein nichts weniger als geschmeidiger Mann. Er beeilte sich, dem Bischof sogleich (16. August) zu erklären: In Bayern haben, wie jetzt das Unterrichtswesen organisirt ist, lediglich die Universitäten und Lyceen die Theologen zu unterrichten. Andere Anstalten sind barum nicht gestattet. Es widerspricht weiterhin das Vorgehen des Bischofes den Paragraphen 76 und 77 des Religionsedictes; schließlich ändert die gewünschte Erweiterung des Seminars dessen Gründungsbestimmung. Koch stellte am Ende die Errichtung einer theologischen Section am königlichen Lyceum in Aussicht. Zu gleicher Zeit wurde dem bekannten Präsidenten Hohe in Speyer die besondere Aufsicht über das Verfahren des Bischofs übertragen.

All' den angeführten Punkten im Ministerialerlaß begegnete Weis in klarer, wohlerwogener Darlegung. Für eine Erweiterung des königlichen Lyceums sei er unendlich dankbar, allein der apostolische Stuhl bringe auf das Entschiedenste darauf (Zuschrift des heiligen Vaters datirt vom 18. August 1864), daß die Ernennung und Entlassung der theologischen Professoren dem freien Ermessen des Bischofes überlassen bleiben müsse; die Genehmigung solcher Anstellung werde dem König vom heiligen Stuhle sicherlich zugestanden werden. Am Schlusse bat er um Genehmhaltung der früher genannten Professoren, indem die Anstalt am ersten November eröffnet werden solle, „da er es mit seinem Gewissen nicht vereinbarlich halte, ein ihm möglich gewordenes, in den kirchlichen und staatlichen Gesetzen wohlbegründetes und durch die wichtigsten Erwägungen als nothwendig gefordertes Unternehmen, in welchem er nichts suche, als das Wohl der Kirche und des Staates und seine redliche Pflichterfüllung, länger zu verschieben."

Als Antwort suchte die Regierung die Berechtigung des Bischofs, den Artikel V des Concordats für sich zu erklären, wegzuweisen und erklärte, daß sie mit Entschiedenheit ihren Standpunkt wahren werde. Auf diese Erklärungsversuche des Concordats konnte selbstverständlich der Oberhirt sehr leicht antworten und da er inzwischen vernommen, daß der Präsident die Anstalt, falls sie eröffnet würde, polizeilich zu schließen beauftragt sei, so erklärte der muthige Bischof: „Ich beklage eine solche Gewaltmaßregel, aber ich fürchte sie nicht; mögen die die Verantwortung tragen, welche auf solche Weise dem Interesse des Staates zu dienen glauben!"

Obgleich nun jetzt das Staatsministerium rescribirte, daß es sich in Weiteres nicht mehr einlasse, so forderte es doch am Ende den Bischof auf, bezüglich der Errichtung einer theologischen

Section am Lyceum seine Erklärung abzugeben. Auf dieses hin aber bedeutete der Bischof, er könne dies nicht thun, weil er dadurch den Absichten und dem ausgesprochenen Willen des apostolischen Stuhles entgegenhandeln würde.

Inzwischen hatte Rom (28. Oktober) dem Münchener Nuntius befohlen, gegen die angedrohten polizeilichen Maßregeln zu protestiren, da das Vorgehen des Bischofes im canonischen Rechte und im Concordat begründet und garantirt sei. Der Nuntius that dies beim Minister des Aeußern, Neumayr, und erhielt eine beruhigende Zusage. Auch die Gesandten von Oesterreich und Frankreich hatten sich zum Minister von Neumayr verfügt, um gegen das gewaltsame Vorgehen in Speyer zu warnen. Letzterer soll hiebei erwidert haben: „„Dr. Döllinger sei zu Rathe gezogen worden und habe erklärt, wenn man diesmal nachgebe, so sei es um die Theologie in Bayern geschehen."" So erzählt Remling in seiner Geschichte des Bischof Weis. Zusammengehalten mit anderweitiger Thätigkeit Döllingers ist diese Aeußerung in hohem Grade wahrscheinlich. Zugleich schrieb dem Bischof ein Freund aus München (Freiherr von Oberkamp?), daß das Ministerium nie in die Errichtung seiner Anstalt, wohl aber eines königlichen Lyceums willigen werde. Weis aber wollte durchaus nicht von dem Rechte der Kirche, wie es im Concordat ausgesprochen, abweichen.

Am 31. Oktober trafen die 6 Candidaten ein, mit welchen im ersten Jahre der theologische Lehrcurs begonnen werden sollte; selbstverständlich wohnten sie dem öffentlichen Gottesdienste des Allerheiligenfestes bei. Am 2. November erschien der Polizeicommissär König im Seminar und trug bei einer Ungehorsamsstrafe von 20 Gulden dem Regens auf, 1) die Anstalt innerhalb 48 Stunden zu schließen; 2) die sechs Studierenden zu entlassen, widrigenfalls die Strafe verwirkt, die Anstalt polizeilich geschlossen und die auswärts beheimatheten Candidaten ausgewiesen würden. Der Regens Laforet blieb die Antwort nicht schuldig, die er als Geistlicher, Regens und Staatsbürger geben zu müssen glaubte. Ebenso protestirten der Bischof und der Nuntius in München. Bereits am 3. November wurde der Präsident vom Minister telegraphisch angewiesen, dem Bischof schriftlich den Befehl zu eröffnen, daß die Anstalt geschlossen werde, widrigenfalls die Theologen der Anstalt der landesherrliche Tischtitel verweigert und der Antritt einer landesherrlichen Pfarrei benommen werde. Die Anstalt wurde aber nicht geschlossen, zumal der Nuntius neuerdings gegen diese Gewaltmaßregel protestirt hatte. Selbst ein eigenhändiger Brief des Königs vom 8. November, basirend auf dem Referat des Cultusministeriums, vermochten den Bischof nicht zu diesem Schritte. Uebrigens, alle Bemühungen des Bischofs und des Nuntius waren schließlich umsonst. Am 26. November erschien der Polizeicommissär neuerdings im Seminar, erklärte die Anstalt für geschlossen und wofern die Vorlesungen weiter fortgesetzt werden würden, werde die Polizei die Zöglinge am 28. November ausweisen. So wich man endlich der Gewalt; am 28. November verließen die sechs Candidaten das Seminar und gingen nach Würzburg; bereits um halb 9 Uhr früh „erschien der Polizeicommissär, um Spähe zu halten, welchen Besuch er am 29. November wiederholte."

Damit war der eigentliche Streit geschlossen. Daß die Sache Gegenstand weiterer Verhandlungen zwischen dem römischen Stuhle und der bayerischen Regierung wurde, ist bekannt. Ebenso bekannt ist die durch die trüben römischen Verhältnisse veranlaßte Resultat= losigkeit. Von allen Seiten, aus der Diöcese, ja aus ganz Deutsch= land, auch vom heiligen Vater, gingen dem Bischofe Beweise der Theilnahme und Bewunderung zu für seine prinzipientreue Thätig= keit, vielfach in einer Weise, daß wir sie unter jetzigen Verhält= nissen gar nicht nachzusprechen uns getrauen (wie das Schreiben des Bischofs Georg von Eichstädt bei Remling. I. 325). Die katholische Wissenschaft ohne Ausnahme hat ihre Verurtheilung über Koch's Verfahren ausgesprochen, welchen Minister wir ent= schuldigen wollen, da er höchst wahrscheinlich nur geleitet war von — einem Andern.

Wie Bischof Weis besorgt war für die kirchliche und katholisch= wissenschaftliche Heranbildung seines Clerus, so war er auch eifrigst bestrebt, seine Gemeinde auf die christliche Weide eines guten Unterrichtes zu führen, nicht bloß durch Anregung und Hilfe= leistung, sondern auch persönlich.

Vor Allem darf der Leser die Bemühungen des Bischof Weis nicht mit dem todten Paragraphenwesen verwechseln, wie es sonst oft beliebt wurde. Sind nur papierne Verordnungen hinausgeschickt, dann glaubt man auch schon Alles gethan zu haben. Bei Bischof Weis hatte die Thätigkeit zugleich Leben.

Wir wollen übergehen, wie sehr er durch Bearbeitung der öffentlichen Meinung im „Katholik" und als Rathgeber und Freund Geissels dazu beitrug, um die Scandale des früheren (seit 1817) simultanen Schullehrerseminars abzustellen, jenes nur durch die volle Verkennung des Religiösen möglichen Institutes. Mußten ja doch daselbst die katholischen Zöglinge den protestantischen Religionsunterricht nicht bloß anhören, sondern auch nachschreiben und lernen! Die religiösen Vorträge an Sonntagen und die täglichen Gebete wurden abwechselnd vom katholischen und protestantischen Lehrer abgehalten! Erst am 4. November 1839 konnte das katholische Schullehrerseminar in Speyer eröffnet werden. Wir wollen übergehen, welche vielen Bemühungen und Reisen er als Oberhirte, leider vergeblich, auf sich nahm, um die Münchener Schulschwestern in die Diöcese einzuführen. Hier möge es uns gestattet sein, ein Curiosum I. classis einzuschalten. Der Landrath der Pfalz war nicht selten beim Zeuge, wenn es galt, kirchliche Institutionen zu behindern oder zu verunglimpfen. So legte er sich denn auch 1847 und 1848 ein, um die „barmherzigen Schulschwestern" ferne zu halten. Ein geistlicher Landrath erklärte dem Präsidenten, man rede immer von „barmherzigen Schulschwestern," solche gebe es gar nicht, die fraglichen Nonnen hießen „arme Schulschwestern". Der Präsident ließ abstimmen, ob man diese oder die andere Benennung beibehalten solle, und siehe da, die Majorität beschloß „barmherzige Schulschwestern" und so figuriren denn die guten Kinder des Bischof Wittmann von Regensburg als barmherzige Schulschwestern in den betreffenden Landrathsprotokollen.

Es gelang ihm dafür um so besser mit den Dominikanerinnen im Sanct Magdalenenkloster zu Speyer, welche sich opferwillig bereit erklärten, Lehrerinnen des dritten Ordens des heiligen Dominikus heranzubilden. Bereits 1854 konnten solche wohlgeprüft abgegeben werden, an 13 Gemeinden während der Hirtenzeit des Hochseligen.

Bischof Nicolaus hatte Sorge getragen, daß er immer über die religiöse Stellung der einzelnen Schulen aufs beste unterrichtet blieb. Dabei hatte er aber eine ganz andere Absicht als etwa bloße Vermehrung der Schreibereien oder Anhäufung von mehr Papier in seiner Ordinariatscanzlei. Nicolaus wohnte allen seinen Ordinariatssitzungen persönlich bei; er war also durch das Referat seines geistlichen Rathes über alle Persönlichkeiten und ihre Thätigkeit ganz genau informirt. Dabei hatte er die Gewohnheit, sich für die Visitationsreisen alle möglichen Notizen zu machen, so daß er beim Besuche jeder Pfarrei bereits im Voraus über Alles wohl orientirt war. Dazu kam seine natürliche Liebenswürdigkeit, gehoben und veredelt durch den wahrhaft apostolischen Hirtengeist, eine Liebenswürdigkeit, die von Allen, auch den Nicht-Katholiken geachtet und bewundert wurde — ein Grund mehr, mit leichter Mühe manchen Anstoß zu heben, den eine papierene Behandlung vergebens beizulegen versucht hätte. —

Zu dem angeführten Zwecke hatte er (1866) eine Instruction an die Distriktsschulinspectoren erlassen, daß diese alljährlich zu berichten hätten, 1) über die Besorgung des Religionsunterrichtes durch den Geistlichen, ob er fleißig, verständig und zugleich veredelnd gegeben werde, 2) über die Verrichtung der Schulgebete, den Besuch der Schulmesse und die Begleitung des Lehrers bei derselben; 3) über die Organisten-Thätigkeit des Lehrers, über dessen Küsterdienst, sein religiöses Verhalten; 4) über den Besuch der Christenlehre und andrerseits auch der Wirths- und Tanzlocalitäten durch die schulpflichtige Jugend. Die Regierung glaubte sonderbarer Weise (1868) dem Bischof diesen Auftrag an die Distriktsschulinspectoren untersagen zu müssen, aber der Oberhirt protestirte gegen die verlangte Zurücknahme seiner Verordnung ganz energisch. Die Sache blieb auf sich beruhen. Die Berichte liefen nach wie vor ein, gewiß nur zum Besten von Kirche und Staat.

Uebrigens alle Thätigkeit des Bischofs, wie wir sie bisher in Bezug auf die Schulen kennen gelernt haben, könnte leicht auch in vielen andern Diöcesen gefunden werden, kaum aber die Art und Weise, wie er mit den Zöglingen der verschiedenen Anstalten und den Kindern zu verfahren gewohnt war. Verfasser dieses Lebensbildes steht keinen Augenblick an, diese Thätigkeit als einen hervorragenden Glanzpunkt in der Hirtensorge des edlen Bischof Nikolaus zu bezeichnen; und wenn alle Erinnerung an sonstige Handlungen verschwinden sollte, der Eindruck, den der Bischof bei solchen Gelegenheiten auf den Verfasser machte, wird stets ein tiefer bleiben. Es war hiebei in volle Erscheinung getreten, was der Heiland aussprach als Mahnung für seine Jünger: „Lasset die Kleinen zu mir kommen, und wehret es ihnen nicht!" Wir werden das genauer kennen lernen bei der Besprechung seiner Visitationsreisen. Es zeigte sich in solchen Fällen so recht das, was überhaupt seiner ganzen Persönlichkeit den eigenthümlichen Reiz, der Alle anzog und Alle mit fast unlösbaren Banden an ihn kettete — die apostolische Väterlichkeit. Diese leuchtete aus seinem persönlichen Auftreten und aus seiner Thätigkeit, aus seiner Gestalt und aus seiner Rede, aus seinem Umgang und aus seinen Briefen, aus seinen Predigten und aus seinen Hirtenbriefen; man fand sie an ihm ausgeprägt, mochte man mit ihm über Pastoral oder Wissenschaft sprechen, oder mochte man ihn bei seinen Pontifikalfunctionen beobachten oder im heitern Gespräche an seinem Tische sitzen — immer und immer war es die liebe, apostolische Natürlichkeit, die aus Allem entgegenstrahlte.

Gehen wir über zur Besprechung seiner Visitationsreisen, jener Hirtensorge, welcher er so gerne und so eifrig nachkam, welche aber auch andrerseits ihm die Liebe seiner Diöcesanen in eminenter Weise gewann, so daß alle Welt in ihm „Ihren" Bischof erblickte. Die Visitations- und Firmungsreisen waren ihm das Mittel, in seinem Clerus das Feuer der Hirtenliebe zu erwecken und zu kräftigen, in dem Laienvolke das Hochgefühl für die katholische Religion zu entzünden. Alles gab ihm da Gelegenheit, guten Samen auszustreuen und er that es mit reicher Hand.

Die Visitationsreisen sind strenge Pflicht der Bischöfe und nur aus der großen Wichtigkeit derselben erklären sich die schwerverbindlichen Worte des Concils von Trient, womit es den Bischöfen diese Visitationen anbefiehlt. So beschwerlich und anstrengend sie auch sind, so viel Umsicht, Sorgfalt und Klugheit sie auch erfordern, welche Opfer in jeder Beziehung sie auch dem Oberhirten auferlegen — der Bischof ist Hirte und muß als solcher seine Heerde kennen lernen und darum muß er sie sehen und besuchen. Für Bischof Weis, der für seine Kirche und ihre Aufgabe glühte, sind sie ein wahrer Seelentrost geblieben bis an sein Ende. —

Das Dekanat und die Zeit, in welcher die Visitations- und Firmungsreisen abgehalten werden sollten, wurde gewöhnlich der Regierung zur Anzeige gebracht. Diese setzte dann das betreffende Bezirksamt mit dem Anhange in Kenntniß, die Gemeindebeamten katholischen Glaubens anzuweisen, mit den Kirchenfabrikräthen und den katholischen Mitgliedern der Schulcommissionen am Tage der Ankunft des Oberhirten in den Gemeinden in dem Pfarrhofe sich einzufinden, um über den Zustand und die Verhältnisse der Kirche und der Pfarrei die nöthigen Aufschlüsse zu geben und ihre allenfallsigen Wünsche und Anträge hinsichtlich der Pfarrverwaltung vorzubringen. In der Regel nahm unser Bischof jährlich in 4 Dekanaten die Rundreisen vor, so zwar, daß jedesmal die Hälfte der Pfarreien des Dekanats, die andere Hälfte aber 3 Jahre später visitirt und sohin (da 12 Dekanate sind) alle 6 Jahre die sämmtlichen Pfarreien der Diöcese besucht wurden. —

Vor dem Beginne der ersten oberhirtlichen Visitation erging ein eigentlich originelles Circularschreiben an die Pfarrer: „Da von sämmtlichen Herren Pfarrern mir immer der Wunsch ausgesprochen wird, bei ihnen einzukehren, und ich auch lieber bei einem Bruder als in fremden Häusern mich aufhalte, so will ich gerne diesem Verlangen entsprechen, jedoch nur unter der Bedingung, daß die Herrn Pfarrer so wenig als möglich belästigt werden. Darum muß ich als unerläßlich wünschen, daß alle unnöthigen Kosten vermieden werden. Ich ersuche darum dringend, daß bei den Mahlen die größte Frugalität herrsche. Das jedesmalige Mittagessen soll aus nichts weiter bestehen, als aus Suppe, Rindfleisch, Gemüse und Beilage, höchstens mit einem Braten. Alles kostspielige Zuckerwerk ist überflüssig und kann durch einen Kuchen ersetzt werden. Diese Frugalität ist erforderlich, damit nicht zu viel Zeit bei Tische zugebracht werde, damit unnöthige Ausgaben aufhören und damit wir auch den Gläubigen, die etwa eingeladen werden mögen, ein ziemliches Beispiel von Mäßigkeit geben."

Es ist klar, daß diese Vorschrift gewöhnlich nicht befolgt wurde, aber wenn es hoch herging, so wußte der gute Bischof Nikolaus die guten Verhältnisse des Pfarrers recht wohl für sein Knabenseminar oder für sonst einen guten Zweck zu benützen, oder ein Wort einfließen zu lassen, das einem Tadel auf's Haar ähnlich sah.

Großartigere Empfangsfeierlichkeiten liebte er nicht, obgleich er die katholische Begeisterung der Leute zu ehren wußte, die oft sein Vorüberfahren auf der Chaussee von weiter Ferne her zu begrüßen nicht anstanden. Seine majestätische alte Kutsche, die ihn so treu, nachdem sie schon Bischof Geissel gedient, 26 Jahre lang durch die Diöcese geleitete, war ja aus weiter Ferne erkenntlich! In diesem Sinne schrieb er auch am 21. Juli 1857 an einen Pfarrer: „In Ihrem Berichte lese ich, daß besondere Vorkehrungen zu meinem Empfange gemacht werden sollen. Wenn darunter mehr verstanden werden will, als sonst gewöhnlich geschieht, damit die Gläubigen ihre Anhänglichkeit an unsere heilige Kirche kund geben, so bitte ich Sie sehr dringend, dieses nicht zu veranlassen oder thun lassen zu wollen. Sie werden wohl mit mir einverstanden sein, daß der Bischof nicht wünschen könne, daß die Herrn Pfarrer oder Gläubigen belästigt werden, sowie auch, daß nur Gottes und seiner heiligen Kirche wegen Alles geschehe... Wenn ich nicht diese höhere Absicht stets einzuhalten und zu erreichen mich bemühen würde, müßte ich mich, meiner persönlichen Neigung nach, solchen Feierlichkeiten zu entziehen suchen."

Von seinem Kaplan, gewöhnlich einem Domvikar, begleitet, reiste der Bischof nach dem Orte, an dem gefirmt werden sollte; aber nie ging es direct auf das Ziel, sondern wo immer er durch eine Ortschaft fuhr, in der eine Kirche sich befand, besonders wenn in derselben das allerheiligste Sakrament war, wurde Halt gemacht, um dem Herrn Himmels und der Erde seinen Besuch abzustatten. Nahte er sich dem Ziele seiner Reise, so ließ er sich mit Chorrock und Stola, noch in der Chaise, bekleiden, um sogleich als Oberhirte geschmückt den Gläubigen entgegen zu treten. Der erste Gang nach der Begrüßung durch den Bürgermeister (die auch von Seite akatholischer Gemeindevorstände sehr häufig in der ehrfurchtvollsten, immer aber in sehr taktvoller Weise dargebracht wurde) war in die Kirche, wo nach der Adoration eine Betstunde gegeben und oft schon eine auf die Firmung des folgenden Tages vorbereitende Anrede gehalten wurde. Die Feier der Firmung ward immer mit einer Messe oder einem Amte eröffnet; nach dem Gottesdienste war die durchgehends von ihm selbst gehaltene Predigt. Bisweilen hatte er selbe im Voraus einem Geistlichen übertragen. Wenn der Bischof die Rede hielt, dauerte sie gewöhnlich sehr lange; gleichwohl war sie trotz seiner nicht sonoren Stimme (die Undeutlichkeit der Sprache hatte er früher mit ziemlichem Erfolge bekämpft) für die Zuhörer nicht

ermüdend, weil er sein Thema ganz einfach durchzuführen sich
befleiß. Jedermann konnte diesen Worten, die so schmucklos aus
einem von Liebe und Gottbegeisterung erfüllten Herzen hervor=
quollen, mit Leichtigkeit folgen. An die Predigt schloß sich die
Erneuerung der Taufgelübbe, die der Dekan vornahm. Dann
spendete er die heilige Firmung, die sehr häufig mit einer kleinen
Schlußrede endete. Unmittelbar nach der Firmung untersuchte
der Oberhirte die Altäre, Tabernakel, Taufstein, Kirchengeräthe,
heilige Gefäße und Gewänder. Er hatte dabei ein sehr scharfes
Auge und nicht leicht entging ihm ein Mißstand. Gleichwohl
aber konnte Niemand von ihm eine harte Rede vernehmen; sein
Tadel bestand in Wünschen, seine Kritik in einer Anleitung, wie
man es zum Beispiel auch machen könnte und wie dann dabei
zu gleicher Zeit den kirchlichen Vorschriften ein Genügen geschähe.
War dieses Geschäft, das er nicht unterschätzte, beendet, so wurde
mit den Gläubigen unter Gebet und Gesang die Begräbnißstätte
nach den Vorschriften des Pontifikale besucht, und nach einigen
erbauenden Worten die zurückgekehrte Gemeinde mit dem bischöf=
lichen Segen entlassen. Man sieht, wie der edle Bischof auch die
einfache Visitation des Gottesackers für die Gemeinde rührend
und fruchtbringend zu machen wußte!

Doch den Glanzpunct seiner Thätigkeit entwickelte er beim
sogenannten Katechismus, das heißt bei der katechetischen Prüfung
der Kinder und der Erwachsenen am Nachmittage der Firmung
oder am Vorabende derselben. Jeder, der das erste Mal diese
Function in der Nähe zu bewundern Gelegenheit hatte, mußte
völlig von Begeisterung für den Hochseligen hingerissen werden.
Da saß er, der edle, ehrwürdige Greis, in kirchlicher Kleidung,
die ihn so natürlich wie eine gewohnte Hauskleidung umschloß,
in dem Lehnstuhle vor dem Eingange in's Presbyterium der
Kirche, die langen, weißen Locken über den Nacken fließend, eine
Ehrfurcht gebietende und doch so gewinnende Gestalt, in deren
Antlitze himmlischer Liebreiz leuchtete. Die Gemeinde, dicht ge=
schaaret, umringt ihn im Halbkreis, festlich gekleidet oder bloß
geziert mit dem Schmucke der Armen, mit Reinlichkeit. Die
Mütter tragen Kinder auf den Armen, bereits größere halten
halbscheu sich am Rocke der Mutter und doch treibt sie die Neu=
gierde und der unbewußte Zug der Unschuld, der zum Reinen
hinneigt, halb aus dem Kreise heraus. Vor dem Bischof steht

steht ein kleiner Knabe, seine beiden Hände ruhen ohne Scheu in der Linken des Oberhirten, während gewinnend die Rechte des theuern Vaters auf die kleine Schulter des Kindes gelegt ist. „Sag' mir, mein Lieber, wie heißt Du?" „Nepomuk." „Nepomuk? so, Nepomuk, weißt du auch, wer Dein heiliger Namenspatron gewesen ist?" „Ja, der war ein Pfarrer." „Gewiß, er war ein Geistlicher, der in den Fluß geworfen und ertränkt wurde, weil er das nicht aussagen wollte, was man ihm gebeichtet hat. Darf denn der Geistliche das sagen, was man ihm gebeichtet hat?" „Nein." „Du siehst also, daß man in der Beicht Alles sagen kann, weil es kein Mensch erfährt, und man muß auch Alles sagen. Was thut man denn, wenn man beichtet?" „Da sagt man seine Sünden her." „Gewiß, das thut man im Beichtstuhle; aber ehe Du beichtest, was mußt Du denn da zuerst thun?" „Erstens den heiligen Geist anrufen." ... „Wer ist denn der heilige Geist? u. s. w. ." So war er in der Mitte der Kinder. Er konnte an Alles anknüpfen; stand eine arme Mutter da mit ihrem Kinde auf dem Arme oder gar vor ihr noch ein anderes, das eben der Firmung theilhaftig geworden war, so wußte er anzuknüpfen an die Firmungsgnade, wie eine Mutter die früher empfangene jetzt im Familienleben ausüben müsse; war es ein schwieliger Arbeiter, so ermunterte ihn der Bischof, auch in den Stürmen des Lebens treu zu bleiben, was er bei der Taufe, bei der ersten heiligen Communion, bei der Firmung gelobt; war es eine junge Person, an die er sich wendete, so war es das Kleid der Unschuld, das er in väterlich wohlwollenden Worten zu empfehlen wußte u. s. f. O wie oft konnte man da Thränen fließen sehen aus den Augen von so manchem Vater, von dem man auf den ersten Blick erkannte, daß er nicht oft aus Rührung weinte!

Diese Katechese und Prüfung der Kinder und umstehenden Erwachsenen vollzog er aber nicht stets allein, sondern auch der Geistliche des Ortes oder es nahm der ihn begleitende Secretär Antheil. War die Prüfung vollendet und auch schon während derselben, theilte er Geschenke aus, freilich keine kostbaren, das zu leisten, wäre er ja bei seinen verhältnißmäßig geringen Einnahmen gar nicht im Stande gewesen, sondern einfache Bildchen, die immer mit seinem Namen versehen waren, Rosenkränze, Medaillen, Kreuzchen, kleine Flugschriften, Hirtenbriefe und der=

gleichen — trotz ihres geringen materiellen Werthes immer theuere Andenken für die also Beschenkten.

In den Städten, in welchen höhere Lehranstalten oder Lateinschulen bestanden, wurden bei solchen Firmungs= oder Visitationsreisen auch diese von dem Oberhirten besucht und die katholischen Zöglinge derselben in den Wahrheiten der Religion geprüft und zum Fleiße, zur Sittsamkeit und Frömmigkeit ermuntert. Das Gleiche that er alljährlich in Speyer, wo er stets an verschiedenen Tagen die verschiedenen Classen während des Religionsunterrichtes besuchte. Wenn Bischof Nicolaus so in der Classe saß, umgeben von den lebensfrohen Buben, da schien es immer, als ob die alte Professorennatur wieder in ihm auflebte, nur durchgeistigt von der Gnade des bischöflichen Hirtenamtes. Er war hier gleichsam in seinem Elemente, je heiterer und couragirter Einer sprach, desto mehr freute es ihn. Er lachte geradezu, wenn manchmal die Zutraulichkeit in etwas zu naiver Weise sich äußerte und es war ein wahrhaft herzliches Verhältniß, das er hier zwischen sich und den Studenten zu erwecken wußte. Keine Verlegenheit gab es da bei den Buben, aber innige Anhänglichkeit an den Oberhirten war es, was als reichlicher Segen auf diesen Besuchen ruhte. Daher kam es auch, daß selbst die Studenten von den Universitäten, wie es der Verfasser Jahre lang beobachten konnte, mit hoher Achtung von ihm sprachen und seine Theologen trotz des nationalen „Krischerthums" doch in unbedingter Folgsamkeit seinen Befehlen gehorchten.

Auch die Gefängnisse wurden bei Gelegenheit der besprochenen Reisen von dem umsichtigen, pflichteifrigen Oberhirten nicht außer Acht gelassen; auch an diesen Wohnstätten der gesunkenen Menschheit suchte er christliche Gesinnung und Besserung zu erwecken. Schon als Domdechant (1841) hatte Weis Schritte des Ordinariats bei der Landesregierung durchzusetzen gewußt, welche die Besserung der religiösen Verhältnisse der Gefangenen beabsichtigten. Während früher durch allerhöchste Verordnung angeordnet war: „daß der Besuch der Gefangenen durch Geistliche von Zeit zu Zeit zu geschehen habe, besonders vor herannahenden Festtagen, ohne daß solches gerade in jedem Monat erforderlich sei", und diese Verordnung bei dem Priestermangel der Diöcese, bei der Ueberhäufung der Pfarrer mit Arbeiten und bei dem Fehlen einer gesteigerten Anregung sich schließlich zu der Praxis entwickelte, daß Geist=

liche bloß bei Krankenversehungen und bei der österlichen Beicht und Communion in den Gefängnissen erschienen — gestalteten sich diese Verhältnisse durch die Bemühungen Weis' schon früh in sehr günstiger Weise, so daß bei jedem Bezirksgefängnisse ein Geistlicher angestellt wurde, oder doch ein Geistlicher gegen Remuneration die religiösen Verpflichtungen zu erfüllen hatte.

Der Umfang gegenwärtiger Schrift gestattet leider nicht, auf die eminenten, psychologisch so ausgezeichneten Motivirungen der verschiedenen bischöflichen Anträge weiter einzugehen. — Nie ließ er die Detentionsanstalten aus dem Auge und bei ihren Besuchungen erkannte man so zu sagen die Wichtigkeit des Ganges aus seinem hellen, leuchtenden Auge.

Die noch übrige Zeit, namentlich in den Städten, wurde dazu benützt, um die Beamten und angeseheneren Personen mit besondern Besuchen zu erfreuen. Unter diese rechnete er aber auch Kranke und Arme; auch ihnen spendete er persönlich Worte des Trostes und der Ermunterung und mit dem letzten Händedrucke glitt gewöhnlich ein Geschenk in die Hand des Presthaften. Er wußte hier so geschickt zu manipuliren, daß nur der aufmerksamste Beobachter von der Gabe etwas merkte. Gerade bei solchen Gelegenheiten fielen die rührendsten Scenen vor. Es müßte gerade ein empfindungsloses Herz voraussetzen, wenn man bei solchen Vorkommnissen nicht hätte die Ueberzeugung gewinnen müssen: Weis war ein apostolischer Mann! Welche Ueberraschung für die Armen, wenn plötzlich die Kutsche des Bischofs hielt und die Thüre sich öffnete, liebevoll er hereintrat, die Hand des schwer Erkrankten faßte und milde ruhige Worte des Vertrauens auf den Herrn in die Seele des dem Tode Nahen träufelte. O, wie viele hundert Thränen sind bei solcher Gelegenheit auf die Hand des edlen Weis geflossen, Perlen zu seinem himmlischen Diadem! Und wenn er dann dastand am Krankenbette, die majestätische Figur mit dem Silberhaupte, während Alles auf dem Boden kniete und der kranke Arme Thränen des Glückes weinte, und mit wohltönender Stimme den bischöflichen Segen ertheilte — nur ein Gedanke beherrschte den Zeugen: Ja, das ist ein Nachfolger der Apostel!

Der Segen, den Bischof Nicolaus durch solche Thätigkeit über seine Gemeinde verbreitete, ist geradezu unermeßlich.

Zu gleicher Zeit war der Bischof bei seinen Verrichtungen wieder so anspruchslos, so kindlich naiv! Bei Kircheneinweihungen und dergleichen Functionen war die Zahl der zuströmenden Gläubigen, die ihren Oberhirten sehen und sich an ihm erbauen wollten, oft größer, als daß die Kirche dieselben hätte aufnehmen können. Da geschah es zum Beispiel (1846), daß, als sich dieser Uebelstand bei der Weihe der Kapelle Zeiselbach herausstellte, er einfach ein schnell hergerichtetes, mit Zweigen bedecktes Gerüste unter einem Kastanienbaum bestieg und von dort aus das Wort des Lebens verkündete. Bei der Glockenweihe in Mußbach stellte er sich auf die oberste Stufe der Thurmstiege! Sein Eifer im Predigtamte war überhaupt geradezu unermüdlich; wo sich nur ein Anlaß bot, ermunterte, begeisterte er, so daß an manchem Tage zwei Predigten und noch einige Anreden gehalten wurden.

Doch nicht specielle, auf die einzelnen Pfarreien sich beziehende Bedürfnisse suchte der unermüdliche Oberhirte bei seinen Visitationsreisen zu befriedigen, sondern am Schlusse jeder Reise sollte der ausgestreute gute Same nochmals befruchtet werden, der Clerus in Gemeinsamkeit gekräftigt und gestärkt werden, damit er von gleichen Bestrebungen geleitet, das, was der Bischof begonnen, werkthätig und begeistert fortführe. Dies Resultat suchte Weis durch die von ihm eingeführten Visitationsconferenzen zu erzielen. Sie waren ihm ein vorzügliches Mittel, die geistige Einheit, die Solidarität der kirchlichen Interessen bei seinem Clerus zu wecken und zu befördern, den Grundcharakter der ganzen Kirche auf dem ihm untergebenen Theile in möglichst ausgebildeter Weise aufzuprägen. Weis betrachtete diese Berathungen als Ersatz für die Diöcesansynoden, wie er schon 1845 an Hirscher in Freiburg schrieb.

Die Visitationsconferenzen wurden jedesmal am Schlusse der Decanatsvisitation gehalten, gewöhnlich in der Pfarrkirche des Decans, wobei sich der gesammte Clerus des Decanats einzufinden hatte. Der Bischof eröffnete alsdann mit dem Veni sancte Spiritus und einer Anrede die Versammlung.

Diese Reden waren Musterstücke nicht kunstvoller Beredsamkeit, sondern oberhirtlichen Seeleneifers. In brüderlicher Offenheit ergoß sich sein Herz vor den Mitarbeitern im Weinberge des Herrn, seine Freuden bei der Visitation ebenso wie seine Leiden, seine Wünsche, wie seine Anliegen schüttete er in ungekünstelter

Weise vor seinen Mitbrüdern aus. „Das gefundene Gute wurde gerühmt, die Mißstände klar dargelegt, Nachläſſigkeiten getadelt, das noch zu Erſtrebende geſchildert, Winke zur Umſicht und Klugheit, zur Unbeſcholtenheit des Wandels, zum Eifer in der Seelſorge, zu frommem geiſtlichem Leben u. ſ. w. in väterlicher Liebe gegeben. Ebenſo beſprach er das Reſultat der Antworten, welche die verſchiedenen Pfarrer auf die vorher ihnen vorgelegten Fragen gegeben hatten. Einzelne wichtigere Punkte wurden mehrmals beſprochen, ſowie es auch Jedem unverwehrt war, bei dieſer, konnte man ſagen, Decanatsſynode Wünſche und Anliegen vorzubringen, auf beſondere Aergerniſſe und Uebelſtände aufmerkſam zu machen, ſchwierige Paſtoralfälle zur Beſprechung und Entſcheidung vorzulegen. Was ſogleich erledigt werden konnte, wurde unmittelbar entſchieden, was aber reiflichere Erwägung und Acteneinſicht verlangte, aufgezeichnet und ſpäter geſchlichtet.“

Der Segen, der auf dieſen Verhandlungen ruhte, war ſelbſtverſtändlich ſehr groß. Nicht bloß, daß den Einzelnen die reifere Einſicht des Biſchofes und älterer Geiſtlicher zu Hilfe kam, die Prieſter ſahen ein, mit welcher Wichtigkeit die Paſtoral von oben herab behandelt werde, gewannen alſo ſelber an Eifer und — nicht hoch genug anzurechnen! die Seelſorger ſahen mit eigenen Augen, welche Theilnahme der Biſchof für alle Anliegen hatte, ſie merkten, daß der Biſchof ganz auf ihrer Seite ſei und waren darum beſtrebt, mit voller Energie ſtets an der Seite ihres Biſchofes zu ſtehen. Man mag die Pfälzer Verhältniſſe höher oder niederer ſtellen, als die in andern Diöceſen vorhandenen, unbedingt ſicher iſt, daß kein Clerus entſchiedener zu ſeinem Biſchofe zu ſtehen im Stande ſein kann, als der Speyerer an ſeinen Biſchof Weis ſich anſchloß. Biſchof Nicolaus brauchte blos die Loſung zu geben und ſchon ſtand der geſammte Clerus bei ihm. Mochte Mancher ſo oder anders denken — die biſchöfliche Ordre iſt gegeben, darum muß dies jetzt geſchehen, das war allgemeine Praxis. Es fand ſich ein Bewußtſein der Zuſammengehörigkeit vor, das ſeines Gleichen ſuchte; das Wiſſen: unſer Biſchof arbeitet mit uns, nimmt direct Antheil an unſern Arbeiten, ſtreitet und leidet mit uns, darum müſſen auch wir zu ihm ſtehen, dieſes Bewußtſein hatte Alle durchgeiſtigt, bis herab auf die Candidaten der Theologie. Dazu kam der unermüdliche Eifer des Biſchofes, die materielle Seite der Pfarrpfründen nach Kräften zu heben und seinem unermüdlichen Bitten und Wünschen, Fordern und Beantragen war es zum großen Theile zuzuschreiben, daß die Pfälzer Pfarrpfründen in einer doch einigermaßen leidlichen Höhe vom Staate dotirt wurden.

Uebrigens nicht Alles, was der Bischof auf dem Herzen trug, nicht Alles, wovon ihm die Visitation eine klarere Einsicht verschafft hatte, wurde auf den Conferenzen öffentlich behandelt, gar Vieles erledigte er durch Briefwechsel. Wohl kaum ein anderer Bischof hat so viele Privatbriefe an die ihm untergebene Geistlichkeit geschrieben, Briefe so erfüllt von Demuth und Selbstverleugnung, von Milde und Güte, so reich an edler Gesinnung und felsenfestem Gottvertrauen! Wenn man die kleine Sammlung derselben, wie sie Remling in der Biographie des Hochseligen unter die Urkunden aufgenommen hat, durchliest, weiß man kaum, ob man mehr den Eifer oder die Zartheit oder Väterlichkeit des geliebten Weis bewundern soll.

Dadurch wurde viel abgestellt und bereinigt, mancher Irrende wieder gewonnen, was auf dem papierenen Wege der amtlichen Verhandlung unmöglich zu erreichen gewesen wäre.

Uebrigens die Sorge für eine Diöcese ist eine ausgedehnte Pflicht, auch die Armen und Kranken und ihre religiöse Pflege haben die Aufmerksamkeit eines Bischofes auf sich zu ziehen. Leider konnten die Vorgänger Weis' nur wenig oder gar Nichts zu Stande bringen, selbst er vermochte verhältnißmäßig Weniges und sogar dies wurde ihm von mancher Seite her vergällt.

Im Jahre 1849 gründete Elisabetha Eppinger zu Niederbronn im Elsaß die Congregation der sogenannten „Niederbronner Schwestern". Dieselben sollten den nämlichen Zweck erfüllen, wie die barmherzigen Schwestern, nur mit dem Unterschiede, daß sie vor Allem die Armen- und Krankenpflege in den Häusern selbst zu üben hatten. Diese Congregation, so edel in ihrem Zwecke, und so musterhaft und über alles Lob erhaben in seiner Erfüllung, war unserm Bischof durch die Berichte seines hochwürdigsten Freundes Räß von Straßburg bekannt genug geworden. Sein edler Wetteifer beabsichtigte ursprünglich ein ähnliches Mutterhaus für Schwestern in Speyer zu errichten; allein wer die Verhältnisse näher betrachtete, mußte sich von der Unmöglichkeit dieses Planes überzeugen. Man griff daher zu einem Aushilfsmittel. Die gesetzlich erlaubten Vereine des heiligen Vincenz und der heiligen Elisabeth erbaten sich zur Erfüllung ihrer Zwecke solche Schwestern aus Niederbronn und am 9. September 1852 trafen 4 derselben in Speyer ein. Allerseits ernteten dieselben das verdiente Lob ihrer treuen Pflichterfüllung. Auch anderwärts wurden solche Schwestern aufgenommen und kein Mensch erhob sich gegen sie oder gegen ihre Wirksamkeit. Im Jahre 1850 nun hatte ein Einnehmer von Rülzheim 74,000 Gulden für Arme und Kranke vermacht mit dem Wunsche, Ordensschwestern als die Vollzieherinnen seines letzten Willens berufen zu sehen. Diese Stiftung wurde vom Könige bestätigt. Barmherzige Schwestern waren nicht zu erhalten, darum wandte sich die Verwaltung nach Niederbronn und erhielt freundliche Zusicherung. Als man aber von der Regierung Bestätigung verlangte, erschien statt derselben am 15. Dezember 1854 eine allerhöchste Entschließung des Ministeriums des Inhaltes, daß eine Berufung Niederbronner Schwestern zur Uebernahme der Krankenpflege in den Anstalten und Gemeinden der Pfalz nicht genehmigt werden könne, und daß hiernach die Regierung das Weitere zu verfügen habe. Präsident Hohe hatte vorderhand glänzend gesiegt. Gewohnt, in fast militärischer Weise katholische Dinge zu behandeln, ordnete er alsogleich durch Befehl an die Landcommissäre die Ausweisung der Schwestern an; der Landcommissär von Homburg war am bereitwilligsten und wollte gar die Schwestern von Landstuhl innerhalb dreimal 24 Stunden außer Landes wissen. Erst auf Vorstellung des dortigen Johannesvereines wurde diese Zeit auf „8 Tage unfehlbar" verlängert. Fast ebenso scharf trat der Landcommissär von Pirmasens auf, während der von Neustadt sich ganz nobel benahm.

Bischof Weis hatte sich selbstverständlicher Weise gleich unmittelbar an die Regierung und Ministerium mit Vorstellungen gewendet, standen doch alle Katholiken der Pfalz und von Bayern auf seiner Seite; Weis war sogar bereit, wenn die Sache dadurch gefördert würde, dem Pfarrer von Hambach, den er deßhalb nach München schickte, trotz der enormen Winterkälte (Jan. 1855) nachzureisen. Anfänglich erhielt der Bischof von vertrauten, hervorragenden Freunden, die sich auf's Bitterste über Hohe aussprachen, nur wenig tröstliche Berichte und Präsident Hohe hatte noch die Befriedigung, in einer Verfügung an die Landcommissäre die Art und Weise der Fortschaffung der armen Schwestern bestimmen zu können. „Es ist babei mit möglichster Vermeidung alles öffentlichen Aufsehens zu verfahren und den Schwestern eine dem kirchlichen Kleide entsprechende anständige Behandlung angedeihen zu lassen. Ihre Verbringung über die Grenze wird am Besten in verschlossenen Wagen und in Begleitung eines Polizeibeamten geschehen." Allein nach kurzer Zeit (23. Januar) wurde, wie Remling (Bd. I. Seite 173) erzählt, „dem Bischofe von kundiger hoher Hand geschrieben, daß am Tage vorher dem Präsidenten der Pfalz der allerhöchste Befehl zugegangen sei, mit der Ausweisung der Schwestern inne zu halten." Dem Schreiben war beigefügt: „Der Herr Präsident scheint nicht ehrliches Spiel zu spielen. Nachdem er fünf Jahre die Schwestern von Nieder=bronn unter seinen Augen geduldet, spricht er jetzt in einem ganz andern Ton." So Remling. In München sah man ein, daß es denn doch zum Mindesten sehr unzart sei, mit Schwestern, die ihr Leben den armen und kranken Staatsbürgern weihen, selbst wenn sie Ausländerinnen sein sollten, so wie mit Landstreicherinnen zu verfahren. Wahrscheinlich wurden auch unliebsame Inter=pellationen in den Kammern befürchtet, die bereits vorbereitet waren. Der Entscheid lautete: „Es sei der Aufenthalt huldvoll gestattet, unter dem Vorbehalte alsbaldiger Entfernung, sobald Gründe hiezu gegeben sein sollten." Der wackere Bischof war durch den Entscheid um eine Sorge leichter, und um eine Sieges=blume vor Gott reicher.

Weniger Antheil hatte der Bischof Weis bei der Begründ=ung der Congregation armer Franziskanerinnen in Pirmasens.

Bei dem energischen, von allen Hindernissen absehenden Charakter des Dr. Nardini läßt sich dies leicht erklären. Auch jetzt ist es dem Verfasser, obgleich sehr genau mit den Verhält=nissen des Ordens vertraut, noch nicht möglich, seinen unbedingten Beifall über Nardini's rasches und selbstständiges Vorgehen aus=zusprechen. Er überschätzte vielleicht die Gefahr für sein Institut, in dem Röhricht der Amtsverhandlungen selbst eines so wenig bureaukratischen Ordinariates zu ersticken.

Mehr ein Liebling des Hochseligen war das Waisenhaus in Landstuhl, zu dessen Errichtung der erste anregende Gedanke vom Clerus des Capitels Landau ausging (1850). Der Plan wurde möglichst rasch ins Werk zu setzen versucht, ein Sanct Nicolaus=verein wurde gegründet, und am 1. Juni 1852 der Grundstein zum Neubau gelegt. Viele Mühe kostete es (erst 1857) dem so segensreichen Institute Corporationsrechte zu erwirken. Das ganze Werk erhielt seinen Abschluß, als Bischof Nicolaus am 5. Nov. 1861 die Capelle der Anstalt zu Ehren der unbefleckten Empfängniß und des heiligen Nicolaus einweihte. Welche Zuneigung der edle Bischof zu diesem Waisenhause, in welchem die Frauen vom Kinde Jesu aus Aachen so bescheiden und so unendlich segensreich wirken, hegte, mag daraus erhellen, daß er sogar sein 50jähriges Priesterjubiläum am 22. August 1868 daselbst zu feiern gewillt war. Nur der bedenklichere Gesundheitszustand verhinderte ihn; dafür übersandte er eine nach seinen Verhältnissen reiche Summe zur Erbauung eines Thürmchens auf der Capelle. Auch in seinem Testament vermachte er dem Waisenhause eine reiche Summe (3500 Franken) nebst den Erbauungsbüchern seiner Bibliothek.

Vorzüglichen Antheil hatte der Oberhirte auch an der Errichtung, Unterstützung und an dem Gedeihen des Minoritenklosters zu Oggersheim, des einzigen Mannsklosters der Diöcese. Ganz dem Charakter des Mannes entsprechend, hatte der Präsident Fürst Eugen von Wrede auf die Bitte des Oberhirten und der Gemeinde von Oggersheim um Wiederbelebung der dortigen Wallfahrt mittelst Ordensgeistlicher, an das Ministerium berichtet, „die gute Stimmung des Volkes würde dadurch verdorben und dessen Anhänglichkeit von der Regierung abgewendet werden." Allein durchgehends hatte König Ludwig I. gesunderen Sinn als seine Berichterstatter, er achtete auf das Gutachten des lieben Bischofs und seiner Geistlichkeit mehr als auf den Präsidenten: bereits am 3. Mai 1845 zogen die Väter des heiligen Franziskus in ihr hergerichtetes Klösterlein ein, von ihrer Loretto=Kirche aus Segen über Oggersheim und weite Umgegend verbreitend. Das Institut hatte dem König 100,000 Gulden gekostet.

Wie die Klöster, so waren auch die Vereine ein Hauptgegenstand seiner Aufmerksamkeit. Den „Missionsverein" hatte er schon früher in seinem „Katholik" möglichst zu verbreiten gesucht und reiche Summen für denselben gesammelt; der „Piusverein" erfreute sich seiner regsten Theilnahme, er war der Begründer des „Vincentiusvereines" in seiner Diöcese und selbst den „Kindheit=Jesu=Verein" suchte er auf jede mögliche Weise zu verbreiten und zu beleben. Dazu kommt die allgemeine Verbreitung der

„Bruderschaft vom heiligen und unbefleckten Herzen Mariä zur Bekehrung der Sünder", die durch ihn fast in allen Pfarreien seiner Diöcese eingeführt wurde. Gleich beim ersten Feste der unbefleckten Empfängniß nach seiner Consecration führte er das sogenannte „Salveläuten" in allen Pfarreien der Diöcese ein; ebenso überall wo möglich die „Maiandacht". Es mußte schon ein sehr triftiger Grund vorhanden sein, wenn er nicht persönlich dieser öffentlichen Andacht in Speyer anwohnen sollte, eben so wie den Fastenpredigten im Dome. Dazu kamen noch die „Congregation zur Anbetung des heiligsten Altarssacramentes zur Unterstützung armer Kirchen" in der Domcrypta, der er als erstes Mitglied angehörte, der von ihm eingeführte „Aloysiusbund" und (noch im Jahre 1868) der „Verein der christlichen Mütter" — lauter Vereine, für die er überall und immer nach Kräften zu wirken bestrebt war.

Besonderes Augenmerk verwandte er auf die eifrige und salbungsvolle Verkündigung des Wortes Gottes. In dieser Beziehung hatte Weis schon, bevor er Bischof geworden, durch Uebersetzung und durch Herausgabe classischer Predigtwerke seinen Eifer und seine Begeisterung gezeigt. Unzählig oftmals predigte er als Domcapitular und als Bischof predigte er bis in spätere Jahre nicht nur an den höchsten Festtagen im Dome, sondern auch bei der ersten heiligen Communion der Kinder, am Sylvesterabende u. s. f. Erwähnt wurde bereits, wie eifrig er in dieser Hinsicht auf seinen Reisen war; indeß als ein Unicum möchte Folgendes dastehen. Im Jahre 1834 kam er auf einer Amtsreise an der neuerbauten Synagoge von Ingenheim (Decanat Bergzabern) vorüber; von den Vorstehern derselben eingeladen, sie zu besichtigen, willigte er sogleich freudig ein und richtete daselbst unbedenklich und arglos, wie er war, an die anwesenden Hebräer eine belehrende und erbauende Ansprache.

Man kann unbedingt behaupten, in der ganzen Diöcese Speyer findet sich keine Pfarrkirche und auch nur selten eine Filialkirche, in welcher er nicht das eine oder andere Mal das Wort Gottes verkündigt hätte.

Der gleiche Eifer beseelte den pflichteifrigen Bischof in Herstellung einer neuen A g e n d e, was bei den vielartigen Theilen, aus denen die Diöcese bestand (Worms, Mainz, Trier, Metz und

Straßburg hatten Territorien der neuen Diöcese besessen) eine große Wohlthat war. Schon als Domdechant hatte er daran gearbeitet, 1843 wurde sie ausgegeben; das **Diöcesangesangbuch** erschien 1842, der mittlere und kleine Katechismus 1853, im Jahre 1860 das so dringend nothwendige Proprium festorum.

Seine Hirtenbriefe waren von ihm selbst gearbeitet. Edel, salbungsvoll und einfach gehalten, besprachen sie die oft erhabenen Themata in einer Weise, daß selbst der Ungebildete sie zu verstehen vermochte. Er vertheilte sie in unzähligen Exemplaren, und kaum eine Persönlichkeit von Distinction war in Speyer, oder ein Freund in der Ferne, dem er nicht ein Exemplar übermacht hätte. König Ludwig, mit dem er in stetem Briefwechsel stand, erhielt regelmäßig die Hirtenbriefe und unterließ es nie, in der ihm eigenthümlichen Schreibweise seinen Dank auszusprechen.

Unter den vielen hochgestellten Freunden des Hochseligen nahm König Ludwig I. eine hervorragende Stelle ein und bis zum Tode dieses Monarchen blieb ihr gegenseitiger Briefwechsel ein sehr lebhafter. Dieser oft schon schwer vermißte König wollte, nachdem er bereits durch so viele Prachtbauten zu München, Regensburg u. s. f. seinem kunstsinnigen Namen ein ewiges Gedächtniß gestiftet hatte, durch eine neue Schöpfung die Ehre Gottes, den Glanz der Künste und seinen Nachruhm erhöhen. Die religiöse Historienmalerei sollte einen eminenten Triumph feiern und zwar in der Ausschmückung eines alten romanischen Domes, dessen Bauführung dieser Gattung Malerei den nöthigen Spielraum, dessen Entstehung die erforderlichen Motive böte. Es galt demnach, eines aus der Zahl der altehrwürdigsten Gotteshäuser mit Frescobildern von kunstsinniger Hand schmücken zu lassen.

Sollte wirklich etwas Großartiges geleistet werden, so konnte eigentlich die Wahl nur schwanken zwischen dem Bamberger und Speyerer Dom. Das Resultat der Berathung, welche Oberbaurath Gärtner, Professor Heinrich von Heß und dessen Schüler Johannes Schraudolph mit König Ludwig im Dome selbst hielten, war: „Speyer's Dom soll gemalt werden! Nächstes Frühjahr (1845) wird begonnen!"

Wenn nun auch, es läßt sich dies nicht leugnen, der erste Anstoß zu dem großartigen Werke, das, wie es jetzt ist, zu dem Schönsten zählt, was überhaupt von romanischen Bauten vorhanden ist — von dem Kunstsinne und der kirchlichen Gesinnung des hochherzigen Königs selber ausging, so war doch dieß, daß der Monarch nicht ermüdete (die Ausmalung kostete allein 140,000 Gulden), daß er auch bei Niederlegung der Krone des Speyerer Domes nicht vergaß und seinem Sohne und Nachfolger die Fortsetzung des Werkes bringlichst und oft an's Herz legte: so war doch dieß vielfach Verdienst des ehrwürdigen Bischofs und der Freundschaft des Königs, die er in so hohem Grade sich erworben hatte. Dazu kam, daß der ausgezeichnete Mann die Künstler, die er so liebevoll um sich sammelte, stets zu begeistern und ihre Begeisterung in regster Thätigkeit zu erhalten wußte. Es müssen schöne Zeiten gewesen sein, als Schraudolph, Schwarzmann, Hübsch in Speyer weilten, als von allen Seiten Kunstfreunde herbeiströmten, Könige und Prinzen das entstehende Werk bewunderten und Alles, der mitthätige Clerus, die Künstler, die edelsten Fremden sich um den Bischof, gleichsam als geistigen Mittelpunkt, gruppirten! Ja schöne, edle, geistig getragene Zeiten, denn noch nach 20 Jahren sprach man dem Verfasser davon in begeisterter Weise.

Ein Jahr vor dem Tode des Bischofs wurde die letzte Restaurationsarbeit vollendet und so steht denn die Kathedrale da als ein Zeichen, was opferwilliger Clerus und religiös gesinntes Volk, was ein kunstsinniger, für die katholische Kirche begeisterter König zu leisten vermag.

Der geistvolle Monarch war aber auch feinfühlend genug, den Seelenadel, das reine Gemüth, die Berufstreue und Opferwilligkeit des Glaubenswächters am Kaiserdom gehörig zu schätzen. Konnte man den Bischof Weis dazu bestimmen, eine Bitte um Unterstützung einer Kirche oder eines Institutes zu befürworten, dann war die Erhörung des Gesuches bei König Ludwig fast sicher. Offenkundig hat König Ludwig an 80,000 Gulden an verschiedene Kirchen und Institute der Diöcese Speyer geschenkt und gewiß nicht eine Bitte ist gewährt worden ohne bischöfliche Intercession, ja gewöhnlich noch durch Uebermachung an den Oberhirten. Und wie viel geschah sonst noch im Verborgenen!

Doch es ist Zeit zum Schluſſe zu eilen und das perſönliche Bild des Hochſeligen zu entwerfen.

Nikolaus Weis war ein hoher ſtattlicher Mann, breit und ſtark gebaut. Die feſten, nie langſamen Schritte, die ſtarke Bruſt, das etwas breite Angeſicht ließen auf den erſten Blick erkennen, daß feſter, energiſcher Wille, Raſchheit und Entſchiedenheit im Handeln dem Charakter des Mannes angehörten. Aber dieſer kräftige Körper war geſchmückt mit dem bildſchönen, ſilberweißen Haupte eines im Dienſte Gottes und der Kirche bewährten Kämpfers. Seelenvoll und tiefſinnig betrachtete dich ſein bis in's höchſte Alter friſches, braunes Auge, und dieſer milde Blick ergriff dich, das lebensvoll gefärbte Antlitz, die langen, ſchneeweißen Haare ließen dich in ihm den lieben Vater finden, ſein heiterer Sinn machte dich zutraulich, ſein von weiſer Rede überfließender Mund erfüllte dich mit Ehrfurcht. Aus hundert Prieſtern hätte ein prüfendes Auge ihn als den Biſchof erkannt!

Biſchof Weis ſtand ſehr früh auf; die heilige Meſſe celebrirte er gewöhnlich um 7 Uhr im Dome, faſt immer auf dem Altare des heiligen Nikolaus im nördlichen Seitenſchiffe. An Sonn- und Feiertagen, wenn er nicht pontificirte, wohnte er auch dem pfarr= lichen Gottesdienſte bei, nach welchem er den Segen ertheilte. Die Zeit des Vormittags war dem Studium, den Arbeiten ſeines oberhirtlichen Berufes und dem Empfange von Beſuchen geweiht. In letzterer Beziehung war man bei ihm an gar kein Ceremoniell gebunden, und wenn er zu Hauſe war, ſo konnte man faſt un= bedingt darauf rechnen, ihn auch ſprechen zu dürfen. Höflichkeits= oder beſſer Hochachtungsbeſuche erwiderte er immer, mochten die Betreffenden Aſſiſtenten am Gymnaſium, Officiere oder Räthe an der Regierung ſein. Gratulationen an Namenstagen machte er bei Geiſtlichen immer perſönlich.

Es beſtand damals der Gebrauch, daß an dem Namenstage eines jeden Geiſtlichen der Stadt Kuchen, Obſt und Wein auf dem Tiſche aufgepflanzt wurden, um den Gratulanten die Mühe des Herkommens in etwas zu verſüßen. Da Biſchof Nikolaus nie, auch nicht bei Kaplänen, zu gratuliren verſäumte, ſo war natürlich jeder beſtrebt, ihm einen ſchönen Stuhl zu bereiten. Auf dieſe Weiſe wurde der blaue Armſeſſel des Dompropſtes geradezu eine Merkwürdigkeit durch ſeine Allgegenwart. Der

Bischof trank ein Glas Wein, aß etwas Kuchen dazu und nachdem er mit einigen Scherzworten gewürzt, eine Art Toast ausgebracht hatte, entfernte er sich so bescheiden, wie er gekommen war. Er nannte dieß eine „löbliche Gewohnheit"!

Bei seinem eigenen Mittagsmahle waren fast immer Gäste und wenn ein Geistlicher der Stadt Besuch empfing und denselben auch dem „gnädigen Herrn" präsentirte, so waren beide selbstverständlich seine Gäste. Bei Tische ging es aber nie hoch her; nur in seltenen Fällen kam außer Suppe, Rindfleisch und (selbstgezogenem) Braten etwas Anderes auf den Tisch. Er trank 1 oder 1¹/₂ Glas Tischwein und sonst nur Wasser. Bier liebte er nie; und erst in späteren Jahren ließ er sich ein paar Mal durch den Verfasser zu einem Glas Bier überreden. Von einem Aufwande bei Tische war keine Spur; er hätte solche Ausgaben auch gar nicht zu leisten vermocht; indeß sein Wein war immer ausgezeichnet und fast stets bloß Pfälzerwein. Die nachmittägliche Erholung bestand im Besuche seines an der Stadt gelegenen Gartens, der mit den herrlichsten Obstsorten und den vorzüglichsten Trauben reich versehen war. Dort auf und ab gehend, lesend oder betend, schöpfte er die nöthige frische Luft. Bischof Weis las sehr viel und wenn in dieser Beziehung das Material zu sehr sich häufte, so übergab er wohl dann und wann ein Buch dem Religionslehrer des Gymnasiums, der alle Sonntage sein ständiger Gast war, damit dieser den Inhalt referire und das Wichtigste und Interessanteste bezeichne. Die Gänge zum oder vom Garten waren auch die Zeitpunkte, wo viel armes Volk seine Milde beanspruchte; er gab immer, nie aber, ohne ein geistliches Almosen beizufügen. Verfasser hat bei solchen Gelegenheiten oft rührende Scenen anzusehen Gelegenheit gehabt.

Am 10. Juli 1867 hatte der Oberhirte 25 Jahre seines Episcopates vollendet, ein Festtag für den edlen Greis, für seinen Clerus und die ganze Diöcese. Reiche Geschenke und Ehren waren ihm bei dieser Gelegenheit zu Theil geworden, von denen jedoch nur Eines namhaft gemacht werden soll. Der damalige hochwürdigste Abt von Sankt Bonifaz, Daniel von Haneberg, übersandte dem Jubilar ein Stückchen von der Stola des heiligen Nikolaus und jetzt — trägt dieser Edle die bischöfliche Stola des seligen Nikolaus! Sollte er sich diesen Nachfolger im Himmel erbetet haben?

Freilich mehr noch als alle Geschenke rührten den Jubilar die ungeheuchelten Zeichen der anhänglichsten Liebe, die ihm bei dieser Gelegenheit von Clerus und Volk zu Theil wurden; wie mag sein Herz erschüttert worden sein, als nach beendigtem Glückwunsche der Dom von dem Ad multos annos! von mehr als 200 Priestern wiederhallte! Diese Erschütterung kennzeichnete auch seine Dankrede auf die Glückwünsche. Nach derselben empfing er die Huldigung der Priester durch Händedruck und Kuß des bischöflichen Ringes. Wer mag ein Bild erfinden, rührender und ergreifender als dieses! Da sitzt der edle, edle Greis auf dem neugezierten Thronsessel, die neue Mitra auf den silberweißen Locken überschattet sein himmlisch durchgeistiges Angesicht, die Linke hält kräftig den eben erst als Geschenk empfangenen perlengeschmückten Stab. Ein Priester schwankt eben die Stufen hinauf, geschwächt von Alter muß ihn eine kräftigere Hand unterstützen, über seine Wangen fließen Thränen der Freude, er beugt sich nieder auf die Hand seines Oberhirten, küßt sie und die Perlen der Thränen schmücken die Hand seines Bischofs; die Umstehenden weinen! Das ist eine Huldigung, wie sie nur ein katholischer Bischof, ein apostolischer Mann empfängt! —

Bald nach diesem Feste trat die Mahnung des Herrn ein, sich zu rüsten auf den Tag der Heimkehr in's Vaterhaus. Er selber hatte vorher oft dem Verfasser gegenüber ausgesprochen, daß er sein Jubiläum als eine solche Aufforderung betrachte, das Bild des Erzbischofes Frauenberg von Bamberg, der nur ein paar Wochen nach seinem Jubiläum starb, schwebte ihm vor Augen. Im Oktober 1867 überfiel ihn eine gefährliche Lungenentzündung, die ihn an den Rand des Grabes brachte. Selbst seine kräftige Natur überwand das Uebel nicht vollständig, da ihn die Anfeindungen der Kirche Gottes in den Jahren 1868 und 1869 im Tiefsten der Seele verwundeten. Dazu kam der gottentfremdete Schwindel mit den Communalschulen in seiner Diöcese. Scenen, die würdig waren, mit dem Schandpfahl bestraft zu werden, mußten sein Herz in der schmerzlichsten Weise betrüben. 50 Jahre lang hatte er gearbeitet, die Schulen aus Irreligiosität herauszuziehen und sie vor ihren Feinden zu beschützen; und jetzt am Abende seines Lebens mußte er weichen. Alle Bemühungen des Bischofs waren vergeblich, er konnte nur bittend und warnend, flehend und mahnend an seine Katholiken sich wenden und von ihrem gesunden Sinne das zu erwirken trachten, was er in Kraft des Gesetzes nicht zu erreichen vermochte. Schon im Angesichte des Todes wollte er nochmal sein Hirtenwort, das so oft gehört worden, erschallen lassen, allein es dem Drucke zu übergeben, daran hinderte ihn der Tod. Seine Anhänglichkeit an den päpstlichen Stuhl, bei dem er in den höchsten Ehren stand, wurde von Gott dadurch belohnt, daß er sein letztes Pontificalamt am 11. April 1869 halten konnte, zur Feier des 50jährigen Priesterjubiläums unseres heiligen Vaters. Im Sommer 1869 machte der Hochselige noch einige Firmungsreisen, allein die zunehmende Schwäche, der ihn fortwährend quälende Husten verbunden mit lästigen Brustbeschwerden hinderte seine weitere Thätigkeit; bereits seit Juli war er wenigstens theilweise an das Bett gefesselt. So gerne er dem Rufe des heiligen Vaters zum Concile gefolgt wäre, (er bereitete sich sehr sorgfältig zur Theilnahme vor) mußte er doch um Erlaubniß zum Fernebleiben bitten; der Papst übersandte ihm seinen apostolischen Segen.

Die Krankheit wurde immer stärker; am ersten Adventsonntage wohnte er knieend der heiligen Messe seines treuen Freundes und Sekretärs Molitor bei, communicirte und empfing die heilige Oelung nebst der Generalabsolution. Seinem Beichtvater, Regens und Domcapitular Laforet trug er auf, Alle im Kapitel um Verzeihung zu bitten, wie auch er Allen verzeihe: „Will Gott mein Leben verlängern, so werde ich fortfahren es für mein Bisthum zu opfern; will mich aber der liebe Gott abberufen, so hoffe ich ..." — Thränen hinderten ihn, weiter zu sprechen.

Noch 14 Tage litt der Edle Unsägliches an Schmerzen, Husten und Erstickungsanfällen, doch ohne die geringste Klage, Allen, die in seine Nähe kamen, ein heroisches Muster der Geduld.

Endlich früh Morgens am 13. Dezember 1869 erschien die entscheidende Stunde: Um 3 Uhr erschien Molitor, den bange Besorgniß nicht länger mehr hatte ruhen lassen, beim Todtkranken. Sogleich erkannte er die höchste Gefahr und rief die treue Schwester und Nichte des Hochseligen. Als die tiefbetrübte Schwester mit dem gewohnten Gruße: „Gelobt sei Jesus Christus!" an den

Bruder herantrat, öffnete dieser noch einmal sein sterbendes Auge und antwortete: „In Ewigkeit!" Dieß war sein letztes Wort. — Noch ein paar Mal suchte der Oberhirte die Hand wie zum Segnen und zum Bekreuzen zu erheben, dann aber trennte sich sein unsterblicher Geist sanft und ruhig von der irdischen Hülle, ³/₄6 Uhr früh. —

Unendlich war die Trauer, als die große Domglocke den Tod verkündete, und als am 15. Dezember die sterbliche Hülle in die schon längst besorgte Gruft hinabgelassen wurde, durchtönte den hohen Dom ein allgemeines Schluchzen, es war, wie wenn von jedem Anwesenden ein Theil des Herzens mit hinabgesenkt würde.

Nikolaus von Weis war ein apostolischer Bischof!